MAX HÖHN

DER ASTROFRISEUR

Die perfekte Frisur
für jedes Sternzeichen

MAX HÖHN

DER ASTROFRISEUR

Die perfekte Frisur für jedes Sternzeichen

BOOKS

Inhalt

Für Ronald Marx
(1964–2014)

Vorwort

Als ich Max zum ersten Mal begegnet bin, war eine seiner ersten Fragen an mich die nach meinem Sternzeichen. »Wassermann«, sagte ich – und er beschrieb mir, was ich gern mache, nicht mache, nie machen werde, liebe, verabscheue und vor allem, was das alles für Auswirkungen auf meine Haare habe. Was er sagte, stimmte – nicht alles, aber was die Haare anging, definitiv. Seitdem ist Max der Wächter meiner Haare.

Max und ich sind Freunde geworden. Meinen Töchtern schneidet er auf ganz verschiedene Weise die Haare. Der einen, während sie bei ihm im Laden auf dem Boden spielt. Es wird vor allem viel gelacht, die Haare sind dabei ganz nebensächlich und irgendwann eben kürzer. Der anderen, nachdem sie ganz gewissenhaft auf dem Stuhl Platz genommen hat und sich jede Handbewegung genau einprägt, um später selbst »Max« zu spielen. Hat wohl mit dem Sternzeichen zu tun.

Mir schneidet er dann die Haare, wenn er es für richtig hält. Nachts um zwölf beim Prosecco mit einem Schwung von befreundeten Nachbarn im Laden. Gar nicht, weil die Stimmung gerade nicht passt. Oder aber zum vereinbarten Termin. Frisuren wurschtelt er mir, ganz wie es dem Wassermann gefällt, zwischen Tür und Angel, oder wir nehmen uns irrsinnig viel Zeit. Für meine Hochzeitsfrisur bin ich ihm heute noch dankbar. Er hätte mich und das, wie ich bin, was mich ausmacht und wie ich mich wohlfühle, nicht genauer treffen können.

Das hat vielleicht was mit den Sternzeichen zu tun, aber vor allem mit diesem wunderbaren Menschen Max Höhn.

Lisa Martinek

Einleitung

Kurz vor Beendigung meiner Friseurlehre sprach ich in München an einer Schauspielschule vor. Zur Belohnung für meinen Mut ließ ich mir in einem szenigen Salon die Haare schneiden. Der Friseur fragte mich nach meinem Sternzeichen. Ich antwortete ihm: »Stier.« Er erzählte mir ein paar Dinge: »stur« und »Stiernacken« und so, und ich dachte leicht echauffiert: »Also wirklich, so ein Quatsch!« Aber dann sagte er zu mir: »Ist das nicht was für dich? Frag doch mal alle deine Kunden nach dem Sternzeichen, einfach so nebenbei!« Ich weiß nicht, warum, aber irgendwie blieb das hängen und ich tat genau das: Ich fing an, Menschen nach ihrem Sternzeichen zu fragen. Und ich stellte fest, dass ich viel schneller einen Zugang zu ihnen fand, dass wir leichter ins Gespräch kamen und ich ihnen zeigen konnte, dass ich an ihnen interessiert bin. Meine Neugierde auf die Astrologie war geweckt.

Natürlich gibt es nicht die eine Frisur, die alle Vertreter eines Sternzeichens tragen *müssen*. Aber mit der Zeit fiel mir auf: Eine Krebsfrau, die Dauerwelle und Löwenmähne trug – alles bombastisch nach oben toupiert – fühlte sich damit eigentlich nicht richtig wohl. Ein entspannter Look passte viel besser zu ihr, er war nicht so »over the top«. Für eine Löwin hingegen war das genau das Richtige, denn sie liebte es, aufzufallen und ihre Mähne zu präsentieren. Wild und lebendig sollte es damals, in den späten achtziger Jahren, für die Löwe-Frauen sein. Und auch Löwe-Männer hatten erstaunlich oft längere Haare.

Jedenfalls fand ich das alles erst mal ganz spannend. Irgendwann kaufte ich mir dann tatsächlich meine ersten Astrologiebücher und fing an, mich immer mehr mit diesem Thema auseinanderzusetzen. Parallel dazu stellte ich weiter fest, dass es auch bei anderen Sternzeichen typische Frisuren, Haarstrukturen oder Looks gab, die ihnen gut standen oder die ihr inneres Bild, ihre Persönlichkeit stärker nach außen hin unterstützten. Es war ein ganz natürlicher Prozess, der wie nebenbei passierte. Astrologie und Haare – das faszinierte mich und ich verfolgte es, ohne zu wissen, was daraus werden sollte.

Auch sechsundzwanzig Jahre später frage ich Menschen – vor oder beim Haareschneiden, beim ersten, dritten oder sechsten Termin – nach dem Sternzeichen. Und ich habe beobachtet, gelernt und verglichen. Mitte der neunziger Jahre habe ich auch mal eine Astrologieausbildung angefangen, aber das war mir für mein Leben zu dogmatisch. Und man musste Horoskope damals auch noch ohne die Hilfe von Computern selbst ausrechnen. Dann saß man mehrere Nächte an einem Horoskop. Das war spannend, ja, aber für mein Leben letztendlich zu langsam.

Schon während meiner Lehre wollte ich nach Paris reisen, um Alexandre de Paris kennenzulernen, einen berühmten Friseur, der zum Beispiel Grace Kelly, Audrey Hepburn und Romy Schneider die Haare geschnitten hatte. Ich habe tatsächlich die Chance bekommen, ihm über die Schulter zu schauen. Das war in Genf, wo er auch einen Salon führte. Dort habe ich während meiner Ausbildung mehrere Monate gearbeitet.

Später habe ich in den neunziger Jahren noch mehrmals im Ausland Haare geschnitten, jedes Jahr einige Wochen hier und einige Wochen dort. Es waren oft Zufälle, die mich weiterbrachten: Ich habe in London auf der Straße jemanden getroffen, der in der Akademie von Vidal Sassoon gearbeitet hat und mich dorthin mitnahm. Dann kannte ich jemanden bei John Frieda und konnte auch dort etwas lernen und darüber kam ich wiederum nach Los Angeles zu Sally Hershberger. Diese Stationen waren teilweise recht kurz, aber ich habe unheimlich viele Eindrücke sammeln dürfen.

Ich war von Anfang an immer neugierig auf diesen Beruf, auf das Thema Haare, auf die Welt und alles, was es in ihr zu entdecken gibt. Ich hatte eine ganz wunderbare Kindheit und habe eine großartige Familie, ich liebe das Rheinland, aber ich hatte auch immer große Lust auf die Stadt – darauf, ein Reisender zu sein, der ein-, zweimal im Jahr zu seinen Wurzeln zurückkehrt.

Einen eigenen Salon wollte ich eigentlich nie. Ich habe sehr lange dafür gekämpft, mich Schauspieler nennen zu dürfen. Deshalb konnte ich mich davon schlecht lösen und habe immer beides verfolgt: Haare geschnitten und manchmal Theater gespielt. Nebenbei habe ich auch noch viel gejobbt, war kurzzeitig Hausboy in einem Luxushotel, habe eine Ausbildung zum Shiatsu-Therapeuten gemacht, ein Drehbuch geschrieben, in Kneipen und bei einer Mitwohnzentrale gearbeitet, war als Tourbetreuung für Bands unterwegs, habe bei Fernsehproduktionsfirmen gearbeitet und hatte in den neunziger Jahren meine eigene Party in Berlin-Kreuzberg.

Dabei war er in meinem Kopf längst da, mein Salon: Immer wieder habe ich in Gedanken einen Friseurladen in der Schröderstraße in Berlin-Mitte eingerichtet. Eines Tages, im Jahr 2005, ging ich mit einer Freundin an der Immobilie vorbei und da stand das Schild: »Zu vermieten«. Wir liefen schweigend weiter. An der nächsten Straßenecke sagte meine Freundin: »Du musst jetzt sofort diese Telefonnummer in dein Handy tippen, sonst vergesse ich sie. Ruf da an, Max!« Am nächsten Tag traute ich mich. Zwei Monate später eröffnete ich tatsächlich meinen ersten Salon – noch ganz allein, mit zwei Plätzen und einem Waschbecken in eben diesen Räumen.

Ich hatte in den ersten beiden Wochen nach der Eröffnung alle Freunde zum Haareschneiden in den Salon gebeten, es war also immer voll. Ständig kamen fremde Leute von der Straße rein und fragten nach einem Termin. Von Anfang an war ich glücklich mit meiner Entscheidung.

2009 wurde mir zum ersten Mal von der Deutschen Filmakademie angeboten, das Haarstyling beim Deutschen Filmpreis zu übernehmen. Bis heute gehören dazu die Beauty-Lounge im Filmpreis-Hotel, das Pressewochenende vorab, außerdem stylen wir den Prominenten die Haare natürlich auch, direkt bevor sie auf die Bühne gehen. Das war damals eine tolle Chance, die ich natürlich sofort genutzt habe. Beim Filmpreis sieht man, wie wir arbeiten: Nachdem die Gäste bei uns in der Lounge gestylt wurden, stehen sie später auf dem roten Teppich und werden dort fotografiert. Das ist eine aufregende Situation: Sie müssen sich entspannen und zu einhundert Prozent wohlfühlen mit dem, was sie auf dem Kopf tragen. Wir geben ihnen deshalb große Ruhe und Gelassenheit mit auf den Weg in diesen Abend.

Auch hier sprechen wir manchmal über Sternzeichen. Astrologie ist für mich eines der Medien, eines der Werkzeuge, mit dem ich zu dem Menschen, der vor mir sitzt, ein Gefühl der Nähe herstellen kann. Wenn man es schafft, das Gegenüber wahrzunehmen, es zu sehen, dann kommt man im besten Falle in einen Energieaustausch. Der bietet die Basis für eine angenehme Zeit miteinander und damit für einen guten Haarschnitt. Hohe kunsthandwerkliche Qualität ist für mich immer die Basis und natürlich die wichtigste Voraussetzung für einen guten Schnitt, aber die Nähe ist definitiv auch sehr wichtig. Dabei kann die Astrologie ein verbindendes Element sein. Es geht darum, den Gast eine Zeit lang in Obhut zu nehmen, ihn zu sehen, zu erkennen und zu akzeptieren – mit allen Facetten seines Seins.

Zwischen Friseur und Gast entstehen oft Freundschaften. Das kann eine Haarfreundschaft sein, die sich über zehn, zwanzig oder fünfzig Jahre hinzieht. Man macht dann in dieser Zeit alle Lebenszustände und Stimmungen mit – auf beiden Seiten. In manchen Phasen ist man weniger offen für das Gegenüber, wenn sich beispielsweise gerade der Partner getrennt hat oder jemand gestorben ist. Oder aber es sind die ganzen kleinen und mittleren Schicksalsschläge, die das Leben für einen bereithält. Die Astrologie bietet mir in diesem Punkt die Möglichkeit, das Gegenüber stärker da abzuholen, wo es gerade ist. Nicht nur der Gast hat seine Schicksalsschläge, auch der Friseur. Ich kann mich in solch einer Situation, wenn ich das Sternzeichen kenne, anders auf einen Menschen einlassen. Wenn ich weiß, er oder sie ist Steinbock, Krebs, Löwe …, dann gelingt es, mich von meinen eigenen momentanen Situationen abzulenken und mich stärker auf das

Gegenüber einzulassen. Astrologie funktioniert eben von mehreren Seiten.

Mein Team arbeitet nicht über Sternzeichen. Ich habe sie alle ausgesucht, damit ich Zeit mit ihnen verbringen darf. Ich habe das Glück, dass ich mit für mich einzigartigen Menschen arbeiten darf und würde es nicht anders wollen. Wichtig ist, dass die Persönlichkeit der Menschen, die für mich arbeiten, im Vordergrund steht und nicht deren Ego. Dieses »kreative Atmen«, das ich zu leben versuche und das ich von meinen Mitarbeitern erwarte, setzt sehr viel Verständnis für sich und eben auch die anderen voraus. Deshalb haben wir unter anderem einen Coach, der immer, wenn da eine kleine Erbse drückt, die Chance bietet, dass man mit solch einem Konflikt nach außen geht und das möglichst schnell klärt. Denn nur wer kreativ atmet, hat die Kapazitäten frei, sich auf einen Gast völlig einzulassen.

Warum soll man Menschen nahe sein, wenn die Chemie nicht stimmt? Die Nähe zwischen Gast und Friseur beträgt bei bestimmten Schneidetechniken manchmal körperlich nur fünf Zentimeter. Das bedeutet, dass sich der Kopf des Gastes etwa an der Stelle vom Solarplexus des Friseurs befindet, also kurz neben der Herzlinie. Diese Nähe müssen wirklich beide wollen und aushalten. Ich behaupte, je mehr man das Gegenüber sieht und versteht, desto kreativer und schöner ist die Zeit, die man miteinander verbringt.

Ich habe mal gelesen, dass der Friseurberuf derjenige ist, der Menschen am glücklichsten macht. Dazu hat wahrscheinlich jeder seine eigene Meinung. Ich kann meinen Beruf nur ausüben, weil ich ihn philosophisch verstehe. Ich möchte alles, was ich tue, mit und am Menschen verstehen und dazu eine Haltung haben. Ich würde das gar nicht anders wollen. Dass ich mit offenen, kreativen Augen durch die Welt gehe, Dinge ausprobiere und Sachen kreiere, setze ich in meinem Beruf als selbstverständlich voraus.

Es ist wahrscheinlich relativ egal, welches Medium Friseure benutzen oder welche Haltung sie haben, um diesen Beruf in allen Facetten zu erfassen und ihn zu leben. Es gibt Friseure, die stoßen gern mit ihren Gästen an und trinken ein Glas Prosecco, um in Stimmung zu kommen. Andere gehen über die Analyse und erfassen es rein intellektuell. Wieder andere brauchen die coolen Vibes, wo die Musikboxen laut dröhnen. Das alles ist ein Teil ihres Lifestyles und Teil ihres persönlichen Werkzeugs. Mein Werkzeug ist eben die Astrologie. Ein anderes ist das Leben.

WIDDER

21. März bis 20. April

WIDDER

21. März bis 20. April

»Ich will«

Wie viel Kraft kann ein Mensch haben, um mehrere Leben in eins zu packen und immer noch genug Energie für die kleinen Dinge des Alltags aufzubringen? Diese Frage kann wirklich nur ein Widder beantworten. Kein anderes Sternzeichen kann sich vorstellen, wie sich ein Leben mit einem mehr als randvollen Terminkalender – sowohl privat als auch beruflich – anfühlt, auch wenn es trotzdem immer noch die Möglichkeit zulässt, sich kurz in die Sonne zu legen und zu entspannen. Kurz und intensiv durchzuatmen – aber eben auch nur kurz.

Seit Jahren verfolge ich in den Medien die Karriere von Victoria Beckham. Mit den Spice Girls konnte ich nicht viel anfangen, dennoch fiel mir immer wieder dieses eine Mädchen auf, das wesentlich kraftvoller als alle anderen ihre Show durchzog. Sie strahlte eine kultivierte Klasse aus, mit einem Blick, der, absolut nach vorn gerichtet, Spaß verbreitete, das Leben an der Wurzel packte und scheinbar einfach Lust hatte auf alles. Immer mit diesem gewissen Habitus von »Ich zeig's dir, Welt!«.

Wie wir alle wissen, hat sie sich nicht nur den schärfsten Kerl von allen geangelt und ist auf vielen Gebieten so talentiert, dass andere vor Neid erblassen könnten, sie hat Stil, Geschmack, wunderbare Haare, einen sportlichen, durchtrainierten Body – diese Frau ist ein Widder durch und durch. Ihr leidenschaftliches Feuer brennt für alles, was sie tut. Das war bei den Spice Girls so und hat sich bis heute nicht geändert. Sie wird vielleicht oft missverstanden, weil sie ein bisschen streng guckt. Deshalb wird sie auch schnell für zickig gehalten.

Aber da erkennt man das Absolute der Widder. Gerüchten zufolge lässt sie es offenbar nicht zu, dass es ein Foto gibt, auf dem sie nicht gut aussieht. Vielleicht lächelt sie deshalb so gut wie nie. Möglicherweise ist es ihr aber auch viel zu anstrengend, dauernd zu lächeln. Wer weiß? Oder sie orientiert sich an den großen Filmdiven der zwanziger und dreißiger Jahre, die bekanntlich nie lächelten. Zwar ist sie im besten Sinne selbstbewusst, doch diesem geballten Powerpaket würde ein bisschen mehr sichtbare Lebensfreude ganz gut stehen. Die anderen Widder können es ja auch.

Der Widder hat unglaublich viel Kraft – mehr als die anderen Sternzeichen. Und wenn sich sein geballtes Potenzial an aufgeladener Energie entlädt, dann ähnelt das einem schnellen, unerwarteten Aufbrausen. Für den Widder selbst und seine Feuerzeichengeschwister Löwe und Schütze mag dies nur ein Strohfeuer sein, für alle anderen stellt es eine große Irritation dar. Der Widder versteht nicht, wenn andere Menschen mit seinem Ausbruch nicht umgehen können. Er begreift nicht, dass es Menschen mit einem anderen, langsameren Rhythmus gibt. Begreift er es wirklich nicht? Oder kann er es einfach nur nicht nachvollziehen? Doch, er kann – aber das müsste schon ein ebenbürtiges Gegenüber mit einem ähnlichen Drang zu großen oder kleineren Gefühlsausbrüchen sein. Dann ist der Widder erst mal perplex und tatsächlich, auch er braucht hier ein wenig mehr Zeit, um die Spiegelung zu erfassen.

Diese unerschöpfliche Kraft kann sich jedoch auch gegen deren eigenes Fortkommen richten, und das wird beim Widder deutlicher als bei allen anderen Sternzeichen. Egal ob Männer oder Frauen: Der Widder hat das größte Kraftpotenzial überhaupt. Schließlich wird er vom Planeten Mars regiert. Mehr Stärke, mehr Wollen, ein Mehr an Leidenschaften in alle Richtungen geht nicht. Und hier liegt eben auch die ganz große Lebensaufgabe für den Widder: loszulassen, geschehen lassen, sich auch mal nicht einzumischen und einfach das zu genießen, was er gerade erlebt – ohne Negativbewertung, aber vor allem, ohne dem Ganzen den eigenen Stempel aufzudrücken.

Es geht dem Widder immer um alles, um das große Ganze, aber eben häufig nicht um den direkten, klaren Blick, darum, eine Begebenheit von allen Seiten zu beleuchten, und seine Entscheidung darüber, wie er etwas wahrnimmt, in einem realen positiven Licht zu sehen. Das ist es, was den Widder sein Leben lang begleiten wird.

Der Widder-Satz schlechthin ist: »Ich will!« Der Schütze sagt vielleicht: »Ich bin eigenwillig.« Der Löwe sagt: »Ich bin der König, alles andere interessiert mich eh nicht!« Doch der Widder will einfach handeln, vorwärtsstürmen und natürlich als Erster vor der Konkurrenz am Ziel sein. Und viele denken über den Widder, er sei vielleicht zu viel von allem. Er will zu viel, er ist zu viel. Der Widder sieht das erst mal gar nicht ein. Hat er es aber immer und immer wieder gehört, gibt es für ihn nur zwei Möglichkeiten. Die eine ist, er bleibt in seiner Oppositionshaltung, zunächst gegen alles und jeden zu wettern – das kann er ja am besten. Die andere Möglichkeit ist die, sein enormes Kraftpotenzial für die Sache einzusetzen, für etwas Sinnvolles, für etwas, für das es sich wirklich zu brennen lohnt. Deshalb finden wir so viele Widder bei Greenpeace oder Ärzte ohne Grenzen oder anderen Hilfsorganisationen. Hier wird sein unerschöpfliches Kraftpotenzial wahrlich sinnvoll eingesetzt und wir wissen einmal mehr, warum diese Welt solche wunderbaren, leidenschaftlich brennenden Querdenker braucht. Auch Victoria Beckham hat den Satz »Ich will« wahrscheinlich verinnerlicht. Sonst hätte sie nie so viel in ihrem Leben erreicht: Sie ist Autorin, Songwriterin, Designerin, Mutter von vier Kindern und sie engagiert sich sozial.

Der Widder verbohrt sich gern mit seinen Hörnern in einem Thema und lässt dann nicht mehr davon ab. Das kann vom einen auf den anderen Moment passieren. Dann gibt es nur noch dieses eine Thema, nichts anderes mehr beschäftigt ihn. Aber Gott sei Dank werden wir ja alle ein bisschen älter mit der Zeit – auch der Widder. Und dadurch wird er dann auch etwas weiser und leiser, ruhiger und geduldiger. Die Widder, die ich von früher kenne und zu denen ich heute noch Kontakt habe, strahlen eine angenehme, lässige Reife aus. Vieles, was ihnen in jungen Jahren sehr wichtig schien, haben sie gegen einen entspannteren Lebenswandel eingetauscht. Sie werden aber nicht gleichgültig, sondern wirken gelassen und das auf eine sehr kraftvolle Art. Ihr Feuer wird also nie erlöschen.

Ich lebte einmal in einer WG mit einem Widder zusammen, dem es nicht gut ging. Ihn plagte irgendein Zipperlein. Und ich fragte: »Ich gehe jetzt was essen, kann ich dir was mitbringen?« Ich sagte ihm aber auch, dass es etwas länger dauern könnte, denn ich war in einem Restaurant verabredet. Nach drei Stunden war ich zurück, mit einem Pizzakarton in der Hand. Da war es circa 20.30 Uhr, also wirklich früh genug für ein Essen. Aber ich hatte in unserer Wohnung den eingeschnapptesten Widder überhaupt sitzen. Er war mehr als sauer. Seiner Meinung nach war ich viel zu spät. Und die Wohnung füllte sich mit dieser Frustenergie – es war wirklich unglaublich! Sich hiervon abzugrenzen, ist in meinen Augen gänzlich unmöglich. Das gelingt wahrscheinlich einem Steinbock, der in einer solchen Situation wirklich Kontra geben kann oder aber über allem steht. Ich konnte es nicht und war einfach nur froh, als er sich wieder beruhigt hatte.

Der Widder ist auch derjenige, der dich im Restaurant gern daran erinnert, dass du mit ihm am Tisch sitzt, wenn dein Blick gerade mal auf den Nachbartisch abschweift.

»Also entweder sitzt du mit mir hier oder ich geh jetzt!«
Das machen eher die Männer als die Frauen. Hier finden wir
wieder das Lebensmotto des Widders: »Ich will«. In diesem
Fall heißt das: »Ich will, dass du dich um mich kümmerst, dass
du mit mir redest, dass du nur mir deine Aufmerksamkeit
schenkst, wenn wir uns sehen.«

Das mag jetzt auf den ersten Blick unsympathisch
klingen, aber das sind Widder überhaupt nicht! Widder sind
absolut genial. Wenn ich einen Widder-Menschen kennen-
lerne, bin ich sofort Feuer und Flamme. Widder haben so viel
Tatendrang. Der Widder arbeitet viel und hat trotzdem noch
sieben Tage die Woche irgendeine Verabredung. Ein Widder
schafft mühelos vier Dates an einem Abend. Wie macht er
das nur?

Widder sind wirklich grandios, denn so, wie sie sich in
ein Thema verbeißen, verbeißen sie sich auch in eine Freundschaft. So Ichbezogen wie sie sein können, so selbstlos sind
sie, wenn sie ein Gegenüber haben und zuhören. Widder
sind nicht hilflos, wenn es einem mal schlecht geht. Luftzeichen haben häufig die Tendenz, dass sie dann zögern, weil
sie nicht wissen, was sie tun sollen. Ein Schütze hätte vermutlich anderes um die Ohren. Doch ein Widder würde für
einen Freund alles stehen und liegen lassen. Definitiv, denn
der Widder brennt ja am meisten.

Widder sind nicht nachtragend. Sie beißen sich zwar
fest, reagieren aber selten gekränkt. Das ist ein wunderbarer
Charakterzug. Sie verstehen einfach nicht, wenn andere sagen: »Du hast mich da irgendwie vor drei Tagen so sehr verletzt.
Ich bin da noch nicht drüber hinweg, ich glaube, ich brauche
mehr Zeit ...« Das versteht ein Widder nicht. Da ist er schon

wieder ganz woanders, mit seiner Kraft und schöpferischen, ausdauernden Energie.

Es ist charismatisch, wenn ein Mensch für etwas Feuer und Flamme ist und dabei zugleich ein soziales Bewusstsein hat. Ein Widder als Richter könnte eine Idealbesetzung sein. Er sorgt mit feuriger Leidenschaft für Gerechtigkeit.

Der Widder brennt in der Regel für das Gute, allerdings nur, wenn das Leben auch gut zu ihm ist. Widder-Menschen können sich aber genauso gut das Leben schwer machen – durch die Umwege, die sie gehen, nicht die Straße entlang, sondern immer mal wieder abseits, durch Büsche und Gestrüpp. Das müsste nicht sein. Dies machen zwar andere Zeichen, wie zum Beispiel der Schütze, auch. Der Widder jedoch tut dies mit einer Absolutheit, die nicht ohne ist. Also, Hut ab vor jedem Widder, der die positiven Umwege in Kauf nimmt und die negativen links liegen lässt.

Widder lieben Extremsportarten: Klettern, Paragliding, Canyoning – yes! Das ist wirklich ihr Ding. Sie sind gemacht für alles Extreme und sie wollen alles ausprobieren. Deshalb macht Urlaub mit einem Widder auch immer wieder wahnsinnigen Spaß – aber nur dann, wenn man ihn nicht allzu sehr reizt.

Ich habe mal vor vielen Jahren einen Urlaub mit einem Widder verbracht. Wir haben ein Auto gemietet und aus irgendeinem Grund setzte ich mich – ganz spontan und an irgendeiner Straße parkend – kurz auf das Dach. Das Auto hatte danach eine kleine Delle, die für mein entspanntes Auge kaum sichtbar war. Für meinen Widder-Freund, könnte man meinen, war es die größte, tiefste und heftigste Delle, die man einem Auto nur antun kann. Und ich war herzlichst froh, als dieser Urlaub sich endlich dem Ende neigte. Denn in dieser angespannten Gefühlsenergie meines Widder-Gegenübers hätten mir danach zwei Wochen Seychellen nochmal richtig gutgetan. Natürlich haben wir das Auto zurückgegeben und nichts wurde bemängelt. Erst dann war mein Widder-Freund auch wieder ruhiger. Und er hat mich zur Versöhnung zu einem grandiosen Essen eingeladen: fünf Gänge im Luxusrestaurant. Ich habe ihm dort meine ungeteilte Aufmerksamkeit geschenkt, denn wir erinnern uns – nur ein entspannter Widder ist ein guter Widder. Und eines muss man dem Widder lassen: Er ist selbstreflektiert und nicht nachtragend. Er vergisst so etwas einfach.

Der Widder
unter der Schere

Widder-Frisuren sollten unkompliziert sein. Denn der Widder hat in der Regel keine Zeit. Da gibt es so viele Dinge, die er noch tun muss und dann sind da diese vielen Menschen, die er treffen wird und die unzähligen Freundschaften, die er pflegt, und die vielen Reisen und Partys – das Leben will schließlich exzessiv gefeiert werden. Die Widder gehen so richtig rein und richtig ran. Hier kommt die Mars-Energie voll zum Ausdruck. Viele Widder haben ein aufregendes

Nachtleben und irgendwie den Drang, auch die abgründigen, verbotenen Ecken des Lebens kennenzulernen oder auch nur vollkommen vergeistigte und wahnsinnig (un)wichtige Gespräche zu führen. Sie wollen das alles richtig auskosten. Und deshalb sind sie wahrscheinlich auch immer erst mal so furchtbar müde und muffelig in den frühen Morgenstunden und brauchen ihre Zeit zum Wachwerden.

Kurzhaar- und Langhaarfrisuren für den Widder sind dann gut, wenn sie wirklich unkompliziert sind. Widder sind äußerst ehrgeizig, und wenn etwas nicht klappt, sind sie sehr schnell pessimistisch, weil es ihnen nicht sofort gelingt. *Unkompliziert* ist das wichtigste Stichwort beim Widder, wenn es um Haare geht: Sie halten einen Föhn rein und sind fertig. Wenn sie eine Frisur haben, bei der sie mit Stylingprodukten arbeiten müssen, ist das eigentlich schon zu viel. Sie kriegen das hin, aber einen Widder, der morgens vier Bürsten ins Haar drehen muss, damit die Frisur sitzt, gibt es doch eher selten. Umso wichtiger ist es, dass sie sich auf einen perfekten Haarschnitt komplett verlassen können, denn hier muss man bekanntlich am wenigsten tun.

Kurz oder lang – beides ist möglich, allerdings will der Widder mit dem, was er auf dem Kopf trägt, auffallen. Er will eine Wirkung erzielen. Leider will er immer auch alles gleichzeitig. Und wenn er dann vielleicht lange Haare hat, gibt es häufig ein Problem mit der Pflege: Er lässt sie wachsen, schneidet aber nicht regelmäßig die Spitzen. Dann hat er zwei Jahre lang keinen Friseur gesehen und dann komme ich und sage: »Die Spitzen sind völlig kaputt. Wir müssen die Haare abschneiden.« Da dreht der Widder durch.

Die Widder-Frau

Widder-Frauen kann man en masse auf der Straße mit lässig zusammengewurstelten Haaren beobachten. Sie fallen auch immer auf, weil sie einfach großartig aussehen. Häufig haben sie dazu auch noch eine drahtige, durchtrainierte Figur, denn sie sind sehr sportlich: Sie joggen, fahren Rad, schwimmen. Man sieht ihnen ihre ungebremste Aktivität an. Natürlich gibt es auch Widder-Frauen, die fünf Kilo zu viel wiegen: Das sind dann echte Powerfrauen, die überhaupt nichts Puppiges an sich haben. Sie wollen das Leben mit beiden Händen packen und nehmen auch schon mal selbst einen Hammer in die Hand, um ein Bild an die Wand zu nageln. Dass der Hammer dann zwei Jahre lang bei ihnen liegen bleibt, weil sie es als unwichtig empfinden, ihn wegzuräumen, ist dann etwas anderes.

Wenn sie abends ausgehen will, legt die Widder-Frau nur ganz wenig Make-up auf, und auch mit ihren Haaren muss es schnell gehen – da wird nur kurz geföhnt, wenn sie es überhaupt geschafft hat, sie zu waschen. Es sollte schnell gehen, aber das Ergebnis muss natürlich sensationell sein. Den Drang, auffallen zu wollen, haben alle Feuerzeichen an sich.

Leider sind Widder mitunter nicht besonders begabt, was ihre Haare angeht – oder besser: Sie sind ungeduldig. Eine Widder-Frau, die vorm Spiegel steht und sich die Haare stylt, verzweifelt gern und wirft auch schon mal das Handtuch. Ich persönlich verstehe überhaupt nicht, woran das liegt. Man kann es ja auch lernen, und man sollte keine Scheu haben, seinen Friseur zu bitten, dass er einem die wichtigsten Handgriffe zeigt. Wir veranstalten Stylingworkshops und Coaching-stunden im Salon, in denen wir den Gästen beibringen, wie sie Rundbürsten benutzen oder ihre Haare hochstecken, mit einem Glätteisen arbeiten oder mit Lockenwicklern. Wir zeigen, wie sie jede Frisur kreieren können, die sie haben wollen, und einen tollen, alltagstauglichen Look in zehn Minuten hinkriegen.

Prominente Widder-Frauen

Sarah Jessica Parker hat sehr viel Haar, aber es ist definitiv keine Löwenmähne. Sie ist selbst Widder und mit Matthew Broderick verheiratet, der ebenfalls Widder ist. Widder-Widder-Beziehungen funktionieren unglaublich gut, denn sie kennen die Willensstärke des anderen, sind beide nicht nachtragend und bringen eine geballte Streitlust mit. Wenn man sich Bilder von Sarah Jessica Parker anschaut, dann sieht man relativ viele Frisuren, bei denen man sofort das Gefühl hat: Das sind lange Haare und sie sind perfekt gestylt, haben aber trotzdem immer noch etwas sehr Natürliches. Da ist jemand mal mit den Händen durchgegangen, um das Leben zu fühlen – die Energie, die Kraft, die in den Haaren sitzt. Ich mag das, wenn das Leben sichtbar ist. Und das ist tatsächlich typisch für die Widder-Frauen: Sie haben da einfach ihren Rhythmus, ihren Style.

Das kann man auch bei Mariah Carey beobachten. Bei ihr ist natürlich jedes mal ein Stylist am Werk gewesen, sobald sie nur die Straße betritt. Und trotzdem hat ihr Haar immer eine Spur Natürlichkeit, wenn sie mit ihren Händen einfach durch das frisch gestylte Werk greift. Mariah Carey ist ganz klar auf den Effekt aus, den sie mit ihrem Haar erreichen kann. Ihr sieht man doch ihr Wollen geradezu an – ihr ist das »Ich will« des Widders wahrlich ins Gesicht geschrieben. Sie ist eine leidenschaftliche Frau mit einer bombastischen Stimme, die sich in die Musik, ins Leben und die Liebe hineinwirft – mit Haut und Haaren wie kaum jemand sonst.

Der Widder-Mann

Widder-Männer sehe ich in jungen Jahren ja irgendwie immer Skateboard fahren – mit langen, wehenden oder kurzen, praktisch geschnittenen Haaren – so ein kleiner Widder-Nerd und trotzdem nicht isoliert. Widder-Männer leben schon in der Gemeinschaft, aber sie leben ihr ganz spezielles Ding.

Das spiegelt sich auch in ihren Haaren wider. Eigentlich sind ihnen Haare gänzlich egal, könnte man meinen. Sie werden sowieso nicht regelmäßig geschnitten, außer sie sind kurz. Kurze Widder-Haare werden am liebsten alle drei Wochen geschnitten. Klar, es sollte ja immer perfekt aussehen.

Manchmal wächst das Haar zwischen zwei Terminen schneller als sonst. Da kann es dann passieren, dass der Widder – völlig unlogisch an dieser Stelle – den Friseur dafür verantwortlich macht. Erklärt man es ihm dann logisch, dass Haare auch mal ein bisschen schneller wachsen als zwischen den Terminen zuvor, dann versteht er es oder er versteht es nicht. Unser kleiner Skateboard-Nerd hat ja doch eine Menge innerer Realitäten und vor allem ein unermessliches Kraftpotenzial. Und das stimmt eben nicht immer mit dem Außen überein.

Widder-Männer sind großartig: Was sie an sozialem Engagement aufbringen neben dem Job! Hierin ähneln sie dem Löwen. Doch während dieser hierbei sehr strukturiert vorgeht, legt der Widder einfach los, ohne groß darüber nachzudenken. Beispielsweise erhält er einen Anruf: »Kannst du dich darum kümmern?« Dann sagt der Widder: »Ja klar, mache ich«, auch wenn er gerade schon zwölf Stunden gearbeitet hat. Er hat eben schier unendlich viel Energie zur Verfügung – das ist wirklich unglaublich.

Für Widder-Männer hat es oberste Priorität, dass ihre Frisur praktisch ist. Aber auch eine praktische Frisur hat beim Widder immer etwas Lebendiges. Es dürfen auch längere Haare sein, wie beim Löwen, nur sehen sie dann definitiv nicht so gepflegt aus.

In meinem Salon ist mir aufgefallen, dass sich alle Feuerzeichen gern beraten lassen. Sie mögen es, wenn man sich mit ihnen beschäftigt. Man kann ihnen sehr gut Dinge zeigen und sie verstehen sie schnell und lassen sich dann auch darauf ein. Als Friseur muss man jedoch darauf achten, dass der Widder hier wirklich konzentriert und aufmerksam war. Wenn er es nämlich missverstanden hat, was umgesetzt werden soll, und dann ein Schnitt entsteht, der ihm nicht gefällt, kommt mitunter der grollende Widder zum Vorschein. Man spürt dann schon mal seine aufbrodelnde Cholerik und bekommt das Gefühl, eine Katastrophe globalen Ausmaßes verursacht zu haben. Eine Woche später ruft er an, oder er sagt es beim nächsten Termin: »Das war ganz toll. Ich will das wieder so haben.« Diese besondere Widder-Energie muss man wirklich aushalten – wie sie dann vom Spiegel zur Garderobe, zur Kasse, zur Rezeption und zur Tür getragen wird.

Prominente
Widder-Männer

Russell Crowe ist Widder und ein toller Typ: Er hat immer mal ein bisschen längere Haare und dann auch wieder kürzere. Ich persönlich finde ihn ja mit den etwas längeren Haaren und einigen Kilos weniger sehr viel besser. Aber auch da sieht man einfach diese für den Widder typische Absolutheit oder Ausschließlichkeit, die er mitbringt und die ihn interessant macht. Man merkt ihm zwar an, dass er nicht unbedingt immer ein einfacher Zeitgenosse ist. Aber ich mag ihn und würde sofort mit ihm zusammenwohnen wollen.

Mit Ewan McGregor würde ich natürlich auch sofort zusammenziehen. Er trägt die Haare unterschiedlich lang, mal kürzer, mal länger, aber in der Regel immer sehr modisch. Das wirkt brillant und einzigartig, es ist praktisch und sieht großartig aus. Besser geht's nicht. Ein Widder-Mann par excellence.

DIE PERFEKTE FRISUR FÜR DEN WIDDER

Unkompliziert sollte sie sein! Ein Schnitt, mit dem man zu Hause so gut wie nichts machen muss! Wenn stylen, gern mit Extracoaching beim Friseur. Für Widder gilt: Sie fühlen sich mit jeder Länge wohl und sind gern nah am Zeitgeist dran. Wichtig ist, dass die Haare lebendig, rhythmisch und natürlich wirken – ganz so, wie es ihrem leidenschaftlichen Naturell entspricht.

Profi-Tipp für den Friseur

Beim Widder könnt ihr euch mit fachlicher Kompetenz austoben. Denkt daran, ihm die Handgriffe fürs Styling zu erklären. Der Widder ist ungeduldig und verzweifelt schnell, wenn ihm dies zu Hause nicht gelingt. Sie lieben es praktisch – Männer wie Frauen. Aber sie wollen auch am Puls der Zeit sein und einen kompromisslosen Look. Mit einem Widder gilt: Have fun!

STIER

21. April bis 21. Mai

STIER

21. April bis 21. Mai

»Sinnlichkeit pur«

Stieren ist etwas sehr Wesentliches zu eigen. Männer wie Frauen dieses Sternzeichens denken erst mal immer: »Es steht mir zu.« So kommen sie auf die Welt und so beschreiten sie ihren Weg.

Eine Freundin von mir, Nancy, hat sich in ihr Studium gemogelt, weil sie nicht den nötigen Numerus clausus hatte. Aber deshalb mehrere Semester auf einen Studienplatz zu warten, kam für sie als Stier nicht infrage. Sie wollte diesen Studienplatz und war davon überzeugt, dass sie ein angeborenes Recht darauf habe. Mit dieser Haltung behauptete sie stets, sie würde die entsprechenden Unterlagen nachreichen. Das war in der Zeit, bevor Unis Computer nutzten – so kam sie tatsächlich damit durch. Später überzeugte sie mit ihren Leistungen und irgendwann fragte eben niemand mehr nach den Zeugnissen.

»Es steht mir zu.« Für den Stier ist dieser Satz ein innerer Antrieb. Man sagt diesem Sternzeichen nach, dass es sehr stur sei. Das beinhaltet aber auch ein immenses soziales Bewusstsein. Und interessanterweise trägt der Stier sein eigenes soziales Bewusstsein in sich. Das bedeutet: Natürlich orientiert er sich an moralisch-bürgerlichen Wertvorstellungen. Gott sei Dank ist er mit so viel Erdverbundenheit beschenkt, dass er hier in der Regel doch einen umsichtigen, Werte schaffenden Weg einschlagen kann. Er handelt aus Überzeugung so, damit es den Menschen um ihn herum gut geht.

Ich hatte als sehr junger Mann einmal Gesangsunterricht bei einer Opernsängerin. Diese Stier-Frau wirkte eher konservativ, aber sie sagte zu mir: »Weißt du, Konventionen sind doch dazu da, dass man sie regelmäßig umgeht. Oder sich über die Grenzen hinausbegibt, um sie neu abzustecken. Was denkst du, du bist doch auch ein Stier?« Mich hat dieses Statement sehr beeindruckt. Auf den zweiten Blick hat man es ihr auch angesehen, dieses sich Sich-selbst-treu-bleiben und trotzdem immer ein bisschen weiter Hinauslehnen. Sie trug gern Hüte – Opernsängerinnen trugen Ende der achtziger Jahre ja auch noch Hüte. Die bei ihr waren immer etwas zu groß. Der Schal war auch eher eine Art Stola. Eigentlich wirkte das recht madamig. Aber es war eben auch sehr geschmackvoll und stilsicher. Wenn auch vielleicht ein bisschen zu viel des Guten, hatte es aber doch das gewisse Etwas.

Stiere gelten mitunter als eifersüchtig und neidisch. Wie stark das wirklich ausgeprägt ist, hängt von der individuellen Planetenkonstellation ab. Die meisten Stiere, die ich getroffen habe, würden, wenn ihnen etwas bei jemand anderem gefällt, zum Beispiel sagen: »Das ist toll, dass du das hast. Das freut mich wahnsinnig für dich.« Oder: »Ach, das hätte ich auch gern.« Und dann entwickeln sie einen Plan, wie das realisierbar ist. Das kann manchmal einfach nur ein Kleidungsstück sein oder auch ein schönes Auto. Jedoch ist der Stier in seinem starken Sicherheitsbedürfnis so aufgestellt, dass er das teure, schicke Auto nur dann braucht, wenn er das dafür nötige Kleingeld überhat.

Grundsätzlich geben Stiere nicht gern Dinge aus der Hand. Sie wollen zu allem und jedem ihre Meinung äußern. Delegieren müssen auch sie – so, wie ihre Erdzeichen-Schwester Jungfrau – erst lernen. Damit sie sehen, wie wunderbar es ist, einfach auch mal loszulassen und zu entspannen. Besitzergreifend ist der Stier also durchaus. Er selbst wird das damit erklären, dass doch nur er weiß, was richtig ist – und was dem anderen guttut. Stiere verfolgen beharrlich ihre Projekte bis zum Ziel. Ihre Sturheit ist deshalb genauso eine Stärke wie sie eine Schwäche sein kann.

Zurück zu Nancy: Nach ihrem Studium ist sie nach Los Angeles gezogen, weil sie sich entschieden hatte, dort eine Schauspielausbildung zu machen. In Deutschland wäre sie schon zu alt dafür gewesen. Sie mietete sich eine Wohnung und nahm mehrere Jobs an, um die Miete zahlen zu können. Sie begann ihre Ausbildung. Als ich sie zehn Jahre später wieder traf, erzählte sie mir, dass sie relativ schnell eine Greencard

bekommen hatte (so, wie Stiere ihren Weg immer konse-
quent gehen), in einem Broadway-Musical mitwirkte, eine
kleinere Rolle in einer Serie übernommen hat, nochmal angefangen habe, Kunst zu studieren, und mit ihrem Leben sehr
glücklich sei. Ihr neuestes Projekt war nun die Familienpla-
nung: den richtigen Mann zu finden, zwei Kinder zu bekommen und ein Haus zu kaufen. Ich bin sehr gespannt, was ich
noch von ihr hören werde.

Jetzt klingt das ja alles zunächst sehr ehrgeizig. Jedoch haben
Stiere mitunter auch einen natürlichen Hang zur Trägheit.
Doch die hat einen anderen Ursprung: ihre unglaubliche
Sinnlichkeit. Der Stier ist das sinnlichste der Sternzeichen.
Er wird vom Planeten Venus regiert, der Göttin der Schönheit
und der Liebe. Er ist eben im Frühling geboren, wo alles
duftet, die Welt zum Leben erwacht und sich ihm öffnet. Für
ihn ist es absolut erfüllend, irgendwo zu sitzen und zu spüren,
wie die Luft die Unterarme umspielt, die gerade freigelegt
worden sind bei den ersten Sonnenstrahlen. Das machen andere Sternzeichen vielleicht auch, aber nicht so oft. Es ist die
Art und Weise, wie Stiere ihre Lippen befeuchten, sich bewegen,
es ist die Haltung ihrer Hände oder das ewig perfekte Erscheinungsbild. Stiere genießen das alles. Sie sitzen in der
Sonne und zelebrieren es, wie der Wind ihre Haut streichelt.
      Pure Sinnlichkeit auch hier.
      Wie der kleine Stier Ferdinand, der an der Blume
schnüffelt – genau das ist das passende Bild. So funktioniert
der Stier und das ist der Platz, den er im Leben haben will.
Stiere legen sich auf die Wiese und können schlafen, einfach
so. Sie wirken, als seien sie müde, aber in Wirklichkeit spüren

sie die Sonne und die Luft. Sie hören die Geräusche. Sie empfinden das alles als den reinen sinnlichen Vorgang des Lebens. Vielleicht gerade deshalb neigt er zu Polstern an den Körperregionen, an denen er es nicht möchte – selbst wenn er in anderen Bereichen sehr diszipliniert sein kann.

Es gibt diese trägen Stier-Tage, an denen die Vertreter dieses Sternzeichens morgens aufstehen und es gerade noch hinbekommen, sich einen Kaffee oder einen Tee zu machen. Manchmal klappt nicht mal das. Dann müssen sie sofort vor die Mattscheibe und schauen sich eine ganze Serie auf DVD an. Wie ein Stier auf der Weide eben: Einfach daliegen und in die Ferne glotzen. Selbst an solchen trägen Tagen genießen sie jedoch das Leben. Ihre Moralvorstellungen sorgen gleichzeitig dafür, dass es nicht zu viele solcher Tage geben darf. Werden es doch einmal mehr, ist Vorsicht geboten – also bei einem Stier, der, ohne krank zu sein, mehr als eine Woche auf dem Sofa verbringt. Denn schnell werden aus diesen sieben Tagen zwei Monate. Ja, Trägheit führt in der Quantität schnell zur Lethargie. Und die genießt der Stier mitunter sehr gern. Allerdings sind Stier-Männer hiervon deutlich stärker betroffen.

Einem Stier fällt es unendlich schwer, wenn er täglich Medikamente einnehmen soll. Wenn die Krankheit, die behandelt werden muss, nicht lebensbedrohlich ist, dann schafft der Stier es höchstens vier Wochen oder zwei Monate, alles regelmäßig einzunehmen. Stiere sind mehr als undiszipliniert bei diesen Dingen, die ihnen guttun, weil sie ja alles so sinnlich empfinden und permanent beglückt sind durch ihren

Mutterplaneten, die Venus, der ihnen zuzuflüstern scheint: »Ich spüre den Wind, das Eis, den Schnee, die Luft, das Gras ...« Da bleibt wenig Platz für solche mechanischen Routinen des Alltags. Überhaupt sind regelmäßige Rituale nicht ihr Ding.

Mit Freundschaften ist der Stier sehr vorsichtig. Es sei denn, jemand schafft es, ihn spontan zu begeistern. Das klappt am besten über Emotionen. Stiere sind ja stets sehr mitfühlend. Wenn auch nicht so empathisch wie die Krebse, die bei allem immer gleich mitleiden, so können die Stiere sich doch sofort alles vorstellen. Oder sie spüren einfach, dass es jemandem nicht so gut geht und sind dann auch sofort zur Stelle. Der Stier fühlt sich verantwortlich, da zu sein und zu helfen – auf ganz praktische Weise. Der Stier sagt zu antriebslosen Freunden Sätze wie: »Du, hör mal, wie wäre es denn, wenn wir jetzt zusammen in den Supermarkt fahren?« Oder: »Wollen wir nicht jetzt deinen Garten bepflanzen? Das wäre doch schön.« Das kann mitunter leicht ausgenutzt werden. Eine der Lebensaufgaben des Stiers besteht deshalb auch darin, sich nicht ausnutzen zu lassen und dafür zu sorgen, dass andere Menschen nicht auf seinen Gefühlen herumtrampeln. Eine weitere große Lernaufgabe des Stieres ist die, seine kleinen jähzornigen, rechthaberischen Ausbrüche zu zähmen. Zu denen neigt er in seiner mitunter sturen Rechthaberei in einigen Momenten seines Lebens tatsächlich – und das trotz seines Drangs, es allem und jedem immer recht machen zu wollen.

Stiere sind sehr stark auf der Suche nach sich selbst. Sie wollen sich verwirklichen. Die Kraft dazu suchen sie in ihrer Mitte.

Meditationen sind für den Stier geradezu erfunden worden. Er probiert gern immer wieder neue Methoden aus, die ihn mit seiner inneren Kraft verbinden.

Ein Freund von mir, der ebenfalls Stier ist, veranstaltet zweimal im Jahr ein Dinner nur für Stiere: Bei ihm treffen sich großartige, kreative, bodenständige Menschen. Ja, Stiere sind in ihrer Einzigartigkeit so glamourös. Die Harmonie ist an diesen Abenden besonders groß, denn wer hätte das gedacht: Stiere wollen zwar recht behalten, sind aber in der Masse durchaus zur Meinungskonformität fähig. Hier werden tolle Geschichten erzählt, es geht um spannende neue Leidenschaften, neue spirituelle Workshops und den nährenden Weg nach innen. Es brennen Kerzen und die Töpfe werden immer leer gegessen. Der Genuss wird hier von acht bis zehn Menschen in seiner sinnlichsten, kommunikativsten und leidenschaftlichsten Form zelebriert. Hier fällt auf, dass die meisten Stiere nach ihren vielen verschiedenen anderen Berufen, in die sie vielleicht reingeschnuppert haben, Schauspieleragenten geworden sind. Warum ist das so? Sie kümmern sich hingebungsvoll um ihre Klienten, sind werte- und zielorientiert – deshalb gehören sie höchstwahrscheinlich zu den Erfolgreichen in ihrer Branche.

Stiere finden sich häufig in Berufen, die mit den schönen Dingen des Lebens zu tun haben. Das muss an ihrem regierenden Planeten Venus liegen, der ihnen das Gespür für Ästhetik schenkt. Alle schöpferischen, kreativen Berufe sind für den Stier in seiner Sinnlichkeit perfekt. So treffe ich immer wieder hochbegabte Floristen, Maskenbildner, Modeschöpfer, Friseure, Schauspieler, Kosmetiker oder Sänger mit Sternzeichen Stier – die Liste ist wirklich lang. Aber es gibt auch brillante Anwälte oder Steuerberater unter den Vertretern dieses Zeichens: Es geht ihnen immer um die Menschen und um Gerechtigkeit.

Die Erdzeichen sind grundsätzlich sehr strukturiert, aber die Stiere können diese Struktur nur umsetzen bei allem, das sie sinnlich erfasst haben und auch genießen können, weil sie es als sinnliche Inszenierung erleben. Wenn etwas nicht mit Genuss zu tun hat, dann verweigern sie sich total.

Meine beiden Lieblingsdüfte gibt es nicht mehr. Der eine ist in den neunziger Jahren oder Anfang der zweitausender Jahre eingestampft worden und der andere vor zwei Jahren. Es gibt kein Sternzeichen, das so sehr leidet, wenn es einen Duft nicht mehr gibt. Weil wir ja sinnlich alles erleben, weil wir uns damit auseinandersetzen, weil wir das sind. Wir sind der Duft. Für uns Stiere gleicht das einer Beleidigung.

Der Stier liebt auch alles, was mit Essen zu tun hat. Überall, wo es kulinarische Köstlichkeiten gibt, ist ein Stier direkt gleich vorne mit dabei. Er hält es kaum aus, vor einem Büffet zu stehen, das noch nicht eröffnet ist. Das tut ihm geradezu körperlich weh.

Der Stier riecht das alles, selbst wenn er etwas nur in seiner Fantasie entstehen lässt. Es kann gut passieren, dass ein Stier als Kellner arbeitet, weil er weiß, dass in diesem Restaurant jeden Abend ein super Essen für ihn abfällt. Er ist dann aber auch ein ganz loyaler Mitarbeiter und bleibt bis zum Schluss, freut sich über das gemütliche Feierabendbierchen mit den Kollegen und genießt zusätzlich noch den

Rest vom Dessert. Vermutlich kann man die Stiere überall einsetzen, man muss es ihnen nur schmackhaft machen.

Obwohl die Stiere keine Kostverächter sind, können sie sehr diszipliniert sein, aber eben immer nur temporär. Sie können sich natürlich wahnsinnig stur auf etwas festlegen und das dann auch durchziehen. In der Regel hat diese Sturheit sowohl etwas mit den anderen zu tun als auch mit dem eigenen Inneren. Also wenn sie stur zu sich selbst sind und sich Dinge einfach verkneifen, weil sie einen berechtigten Grund dafür sehen, dann geht das. Nur bei sinnlichen Genüssen wie dem Essen klappt das eben nicht. Eine Stier-Freundin sagte einmal zu mir: „Wir Stiere sind doch wie Golden Retriever: gutmütig, treu und träge … und immer mit einem Snack zu locken."

Der Stier
unter der Schere

Den Stieren ist ein gewisser Dogmatismus zu eigen. Sie verstehen das Konzept. Sie verstehen das Modell. Sie verstehen den Schnitt. Und sie wissen, dass dieser oder jener Schnitt entweder alles preisgibt oder eben nichts. Der muss nicht unbedingt sexy sein, sondern einfach nur ihre Persönlichkeit ausdrücken – und dies bitte mit Stil.
Meine Botschaft an den Stier lautet: Schaut euch wirklich im Spiegel an und sucht euch Berater! Guckt euch Frisuren auf

der Straße an und überlegt euch, ob das nicht was für euch ist. Natürlich habt ihr Angst. Und ja, Veränderung ist schwierig für den Stier. Er braucht dafür viel länger. Aber Veränderung ist gut. Und dem Haar muss es gut gehen. Einem Haar geht es nicht gut, wenn es dünn und unattraktiv einfach nur über die Schultern hängt. Es gibt wunderbare Frisuren für feines Haar, man muss sich damit nicht verstecken.

Der Stier sollte den Mut aufbringen, den Friseur zu wechseln, wenn er sich in einem Salon nicht wohlfühlt, wenn er die Nähe zu seinem Stylisten nicht aushält oder einfach mit dem Ergebnis unzufrieden ist. Die Stiere brauchen weniger den kreativen Friseur als den bodenständigen. Einen, der sie ernst nimmt und begreift, dass sie nicht die große Veränderung wollen, aber der sie trotzdem ab und zu mal kitzelt und Möglichkeiten anspricht.

Die Stiere streben wie besessen nach Perfektion. Das kommt daher, weil sie niemals anecken möchten. Sie wollen immer das Maximum erreichen, aber nur, damit man sie nicht kritisiert. Was auch immer sie tun, sie handeln aus purer Harmoniesucht heraus. Sie wollen es allen recht machen. Das ist natürlich in Berufen, in denen es um exaktes Arbeiten geht, absolut perfekt.

Ganz typisch für den Stier ist, dass er sich häufig fremd-schämt und zwar mehr als alle anderen Sternzeichen. Da geht jemand auf der anderen Straßenseite und fängt plötzlich an, rumzuschreien – und die Stiere schämen sich für ihn. Oder man sitzt mit einer Freundin im Restaurant, deren Frisur nicht gelungen und handwerklich schlecht gemacht ist – und der Stier schämt sich fremd. Natürlich ist er voller Mitgefühl und Wärme, aber in solch einem Moment stört ihn das Kratzen an der Fassade: Die perfekte Vorstellung dessen, wie dieses Treffen zu sein hat, geht plötzlich nicht mehr auf, wenn diese Freundin von Schwarz auf Blond gewechselt hat und das komplett danebengegangen ist. Es ist verrückt, aber da können sie nicht aus ihrer Haut. Als Stier weiß ich, wovon ich spreche.

Die Stier-Frau

Stier-Frauen sind unglaublich sinnlich. Und wenn sie dann auch noch mit dichten, vollen Haaren beschenkt sind, ist das wunderbar. Dann tragen sie gern längere Haare mit einem tollen Schnitt, der ihren klaren, bodenständigen Charakter betont. An Stier-Frauen mag ich aber schulterlange Frisuren besonders gern. Sie bieten ein bisschen Schutz und zugleich ein bisschen Spiel. Ganz lange Haare finde ich bei Stieren gar nicht so schön. Wirklich lange Haare sind ja nur dann attraktiv, wenn sie topgepflegt sind. Dazu fehlt dem Stier mitunter die Ausdauer.

Schwierig wird es, wenn Stiere älter werden und sich für einen einzigen Look entschieden haben. So stur wie sie sind, rücken sie dann nicht mehr davon ab. Wenn es der falsche Weg sein sollte, dann können sie das oftmals weder sich selbst noch vor anderen eingestehen. Ganz tief drinnen wissen sie, dass es nicht richtig ist, was sie tun. Und trotzdem ziehen sie das mit ihrem unbelehrbaren Dickkopf durch. Das kann furchtbar, dramatisch und schlimm sein, wenn es um Haare geht.

Es gibt zum Beispiel Stier-Frauen mit sehr dünnen Haaren, was man sofort sieht. Aber sie sind nicht bereit, sie abzuschneiden. Es ist nicht einfach nur dünnes Haar. Ich rede von dem kaputtesten, ungepflegtesten, dünnsten Haar der Welt! Die Stiere schaffen das, stur dabei zu bleiben. Und wenn sie dann noch älter und die Haare dünner werden, kann ich nur sagen: Kein Spaß! Oder wenn die Dauerwelle bis zum bitteren Ende daherkommt oder die Farbe fleckig wird – Stiere sind wirklich manchmal nur schwer von ihrem einmal eingeschlagenen Irrweg abzubringen. Und es tut mir in der Seele weh, wenn ich so etwas auf dem Kopf einer Stier-Frau sehe. Die Beratungsresistenz einer Stier-Frau folgt ihrem sturen Charakter. Als Friseur kann ich sie vielleicht mal kurzzeitig erreichen und dann auch was anderes machen. Aber wenn sie dafür Komplimente bekommt, geht sie bald wieder zu den gleichen spindeldürren, fusseligen, kaputten Haaren zurück. Das ist mir interessanterweise in meinem Berufsleben öfter passiert als mit allen anderen Sternzeichen. Und ich finde es so schade, weil die Stier-Frau doch so bezaubernd ist!

Für alle anderen Stier-Frauen, bei denen der rechthaberische, sture Weg nicht so ausgeprägt ist – und das sind ja die meisten – gilt: Haben sie den Friseur ihres Vertrauens gefunden, werden sie ein Leben lang mit ihm glücklich sein, wahrscheinlich immer wieder wechselnde Frisuren tragen, auch wenn sie zwischendurch gern auf ihre Lieblingslänge oder den Lieblingsschnitt zurückkommen. Stiere suchen eben immer ein sinnliches Verständnis, auch bei ihrem Friseur.

Prominente
Stier-Frauen

Cate Blanchett ist Stier und ich habe über sie gelesen, dass sie in der Regel darauf besteht, dass ihre Fotos in Magazinen nicht retuschiert werden. Das hat Größe, aber ich finde auch, dass das nicht unbedingt sein muss. Sie ist eine bildschöne Frau, die vielleicht auf dem einen oder anderen Foto auch mal nicht nur gut aussieht. Und ist es dann wirklich so schlimm, wenn man diese ein, zwei kleinen Stellen verändert? Nein, ich finde, man kann und darf das auch machen.

Jedoch, Cate Blanchett ist toll. Sie hat unglaublich schöne Haare und für eine Stier-Frau macht sie auch relativ viel damit. Ihr Look ist immer eher konservativ. Das sind zum Teil Frisuren, die auch Hillary Clinton schon getragen hat. Wirklich. Aber mit ihrem unverwechselbaren und wunderschönen Gesicht strahlt Cate Blanchett Klasse und Stil aus. Das ist Sinnlichkeit im allerbesten Sinne. Und das ist Konservativismus in der schönsten und konventionellsten Form, die man sich überhaupt nur vorstellen kann. Es ist einfach lustvoll, sexy und grandios.

Barbra Streisand trägt schon seit vielen Jahren dieselbe Länge: lange Haare. In den frühen Jahren ihrer Karriere trug sie sie auch mal kurz, aber die langen Haare sind mittlerweile ihr Markenzeichen und sie stehen ihr wunderbar. Sie variierte ihre Frisuren in der Vergangenheit erstaunlich oft – für einen Stier ganz ungewöhnlich. Damit war sie immer nah am Zeitgeist. Von der Dauerwelle bis zu Strähnchen war alles dabei.

Der Stier-Mann

Stier-Männer verstehen überhaupt nicht, wenn man ihnen sagt: »Guck mal, dein Haar ist verschnitten.« Ich sehe häufiger einen Mann aus meinem Kiez auf der Straße, der Stier ist, und sein Haarschnitt ist leider überhaupt nicht gut: Wenn man ihn im Gegenlicht oder vor einem hellen Hintergrund sieht, erkennt man, dass der ganze Schnitt unsauber gearbeitet ist, voller Kanten. Aber er hat sich ja für diesen einen Friseur entschieden und bleibt auch dabei. Dabei ist so gut wie jedem Stier sein Äußeres wichtig. Stiere besitzen Klasse. Doch obwohl sie teure Cremetöpfchen im Badezimmer stehen haben, gehen sie für einen Haarschnitt auch mal zum Friseur um die Ecke. Und der muss nicht zwangsläufig immer gut sein.

Ein anderer Stier-Mann hat seine Haare auf drei bis sechs Millimeter gekürzt. Diese Länge trägt er seit Jahren. Dazu hat er sich nun einmal entschieden. Zwar hatte er noch viele Haare, deshalb könnte er sie auch gut länger tragen. Ihm ist das jedoch zu anstrengend. Und wahrscheinlich bleibt er sein ganzes Leben lang dabei – die sture Beständigkeit des Stieres eben. Die Stier-Männer sind durchaus aufgeschlossen für die Vorschläge eines kreativen Friseurs. Sie wechseln gern mal den Look oder sogar die Haarfarbe, vor allem wenn sie jung sind. Je älter sie werden, desto mehr schleicht sich die unbewegliche Vorstellung, wie das Leben zu sein hat, immer wieder ein und desto praktischer und wahlloser gehen sie mit ihren Haaren um. Die Stier-Männer lieben hier wirklich den unkonventionellen, manchmal ein wenig faulen Look.

Die Stiere stylen sich auch ein bisschen, sie machen ja auch mal was in die Haare. In ihrer Freizeit laufen sie schon mal gern in kurzen Hosen, T-Shirt und Flipflops herum. Aber wenn sie draußen sind oder arbeiten oder etwas vorhaben, kommt natürlich ein Produkt ins Haar. Stiere sind da ganz praktisch.

Als ich vor vielen Jahren meine Friseurlehre machte, war ich im Urlaub an der Ostsee in einem kleinen Ort und habe mir dort im örtlichen Salon eine Dauerwelle machen lassen und zwar nur vorne im Pony-Bereich. Ich habe mich überreden lassen, dass mir so etwas gut stehen würde. Ich hatte damals recht lange Haare und es sah hinterher scheußlich aus. Ich konnte so nicht auf die Straße gehen und habe deshalb ein halbes Jahr eine Mütze getragen. Vor allen Leuten habe ich behauptet, wie großartig und wohl ich mich mit meiner Kopfbedeckung fühlte ... In Wirklichkeit war ich todunglücklich und habe mich nicht getraut, mein dauergewelltes Haar abzuschneiden, obwohl es mittlerweile völlig kaputt war und furchtbar aussah. Wir Stiere stehen uns manchmal einfach selbst im Weg: rechthaberisch auf allen Ebenen.

Prominente Stier-Männer

Pierce Brosnan ist Stier. Hat der nicht ein und dieselbe Frisur sein ganzes Leben lang, und sieht damit unglaublich gut aus?

Man kann sofort erkennen, wie sinnlich und lustvoll dieser Mensch durchs Leben geht. Und man sieht, dass die Tage seines Waschbrettbauchs gezählt waren und er sich jetzt eine kleine Wohlstandskugel zugelegt hat, mit über sechzig Jahren – und er steht dazu. Er ist ein lustvoller und äußerst attraktiver Mann, der seine Haare so gut wie immer gleich trägt. Also mal ehrlich: Ich finde nicht, dass eine Haarlänge, die sich um maximal drei bis fünf Zentimeter verändert, wirklich einen anderen Schnitt braucht. Er könnte mehr ausprobieren, aber er sieht auch so fantastisch aus.

George Clooney hatte als junger Mann tatsächlich längere Haare, so einen richtigen Nackenspoiler. Das passte in die damalige Zeit. Er hat es jedoch zum Glück geschafft, sich zu verändern. Das kann nicht jeder Stier von sich behaupten. Schöne Haare, schöner Mann, schöne Haarfarben – mehr muss man dazu nicht sagen. Und natürlich immer, auch seit vielen Jahren schon, hat er diesen getrimmten Nacken.

Es macht einfach Spaß, ihn anzuschauen. Ich liebe seine Haarfarbe – diesen fast ins Pastellige gehende Ton, beige oder minimal roséstichig. Manchmal aber auch ins Grau gehend. Clooney ist auf eine sexy Art konservativ und zugleich ein progressiver Querdenker.

DIE PERFEKTE FRISUR
FÜR DEN STIER

Für Stier-Frauen sind Frisuren à la Audrey Hepburn, die selbst Stier war, perfekt: Sie haben Eleganz, Klasse und fangen den Charakter ihrer Trägerin ein, ohne dass sie zu stark einer Mode unterworfen wären. Ob schulterlang oder lang – eine zarte Stufung ist für die Stierfrau ein Muss. Sinnlichkeit auch hier.

Die Männer brauchen es vor allem pflegeleicht und unkompliziert, jedoch sind sie in manchen Lebensphasen auch offen für Veränderungen.

Profi-Tipp für den Friseur

Mit dem Stier habt ihr einen treuen, lebenslangen Begleiter –
ähnlich wie mit dem Steinbock. Ihr müsst Geduld mitbringen,
wenn sie manchmal davon überzeugt sind, dass ihr Weg der
richtige sei. Und wenn sie nicht so faul wären, hätten sie wahrscheinlich längst selbst eine Friseurausbildung gemacht und
wüssten auch hier, wie der Hase läuft. Mit Qualität und Fach-
wissen kann man sie jedoch überzeugen.

ZWILLINGE

22. Mai bis 21. Juni

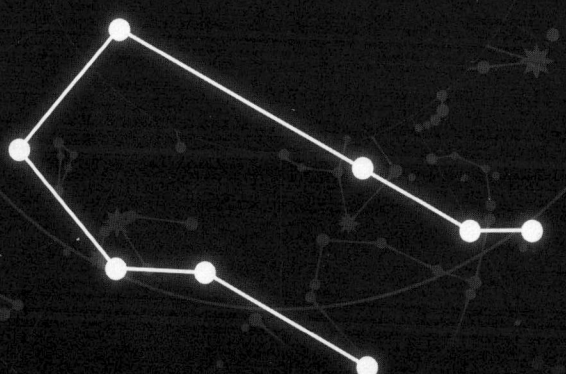

ZWILLINGE

22. Mai bis 21. Juni

»Alles neu«

Wenn ich bei Zwillingen eingeladen bin und mir die Wohnung genau anschaue, dann fällt mir häufig etwas ganz Interessantes auf: Sie haben ihre Shampooflaschen, die Parfumflakons und sogar die Zahnbürste oft exakt in einer Reihe stehen. Auch die Dosen im Regal und die Klamotten im Schrank – wirklich alles! Ihre Wohnungen sind sonst gar nicht so clean – aufgeräumt ja, aber nie steril, sondern sehr lebendig. Das ist typisch für einen Zwilling: Er ist kreativ und das sieht man seinem Zuhause an. Überall passiert irgendetwas. Man spürt und sieht, dass überall etwas angefangen wurde, überall etwas in Bewegung ist. Hier wurde gemalt, da wurde gezeichnet, dort wurde eine Videoinstallation vorbereitet oder eine Fremdsprache gelernt, ein bisschen Middendorf-Atemtherapie oder Yoga unterrichtet – was auch immer. Eigentlich brauchen Zwillinge unglaublich viele Räume. Ich wette darauf: Einem Zwilling in einer Fünfzimmerwohnung fehlt immer noch der ein oder andere Raum.

Die Zwillinge gehen oftmals ihren ganz eigenen Weg. Ich kenne eine Zwillinge-Frau, die Hundehalsbänder herstellt. Sie kam aus einem Kreativberuf und hat sich immer einen Hund gewünscht. Irgendwann hat sie sich diesen Traum erfüllt. Mit dem Hund kam dann auch die Idee für eine neue berufliche Perspektive und sie hat sich damit erfolgreich selbstständig gemacht. Tiere sind oft ein großes Thema für den Zwilling, der zum Beispiel häufig einen Hund hat oder mehrere: Zwillinge mit fünf Hunden sind wirklich keine Seltenheit. Das passt einfach. Auch die Natur lieben sie in der Regel sehr: Einem Zwilling Gummistiefel anzuziehen und ihn irgendwo am Meer in einer Hütte auszusetzen oder im Wald – das macht ihn einfach happy. Nur darf man nicht vergessen, den Zwilling danach auch wieder in die Stadt zurückzubringen. Er braucht einfach beides.

Zwillinge sind ruhelos. Das Luftzeichen zeigt sich bei ihnen so, dass sie einerseits in vielen Dingen äußerst akribisch sind und auf der anderen Seite das totale, lebendige Chaos brauchen. Aber auch das ist kein ungeordnetes Chaos. Es ist eine Art gepflegter Normalität. Man betritt eine Zwillinge-Wohnung und sieht: Aha, da liegt ein Zeitschriftenstapel, dort ist die Post. Es ist alles exakt an seinem Platz und zugleich strahlt alles Leben und Beweglichkeit aus.

Ob etwas gut aussieht oder nicht, ist natürlich immer Geschmackssache. Ich kenne Zwillinge, die einen großartigen, originellen, ganz persönlichen Einrichtungsstil haben, der mir richtig Spaß macht und mit dem ich mich wohlfühle, weil alles so lebendig wirkt. Und ich kenne Zwillinge, in deren Wohnungen ich mich in die achtziger Jahre zurückversetzt fühle, was ich furchtbar finde und auch nicht verstehe, denn auf allen anderen Ebenen sind die Zwillinge unheimlich schnell. Sie kleben in der Regel nie an der Vergangenheit.

Für den Zwilling ist alles Technische unglaublich wichtig. Meine Zwillinge-Freunde hatten in der Regel das erste iPhone, das erste iPad, den ersten Apple-Rechner und früher den ersten CD-Player, den ersten DVD-Player, der auch aufnimmt. Wenn sie sich das leisten konnten, haben sie sich das wirklich immer sofort gekauft. Und wenn das neueste Gerät zu teuer war, dann musste es wenigstens die neueste Software sein, die das Leben schneller, einfacher und schöner macht. Für Luftzeichen scheint alles Neue definitiv erfunden worden zu sein.

Der Zwilling hat eine unglaublich große Präsenz. Er ist wach. Er ist da. Es ist ein rein intellektuelles Zeichen. Wir sind ja nach wie vor bei den Luftzeichen: Das Denken ist hier sehr stark ausgeprägt. Zwillinge verarbeiten alles erst mal im Kopf.

Was mir an Zwillingen oft auffällt: Sie sind sehr korrekt. Mit einem Zwilling passiert es dir nicht, dass er dir noch zwanzig Euro schuldet, denen du hinterherlaufen musst. Wenn der Zwilling etwas mitbringt, dann gibt er auf den Cent genau das Wechselgeld heraus. Auf der anderen Seite sagt er großzügig: »Komm, lass stecken!« Er will nur einfach keine Schulden haben. Weil er niemandem verpflichtet sein will. Das würde ihn blockieren und das hält er nicht aus.

Der Zwilling kann wirklich dieses absolut freigeistige, großartige Wesen sein – inspirierend, prickelnd und direkt. Er kann aber auch sehr bürgerlich nach außen hin funktionieren. Er gibt vor: »Bei mir ist alles geordnet. Meine Fassade stimmt. Hier bröckelt nichts.« Dabei will er sich gar nicht unbedingt über die anderen erheben, sondern er sagt sich: »Ich bin gut aufgestellt, ich genieße das jetzt.« Make-up, Haare, ein perfektes Outfit – was will man mehr.

Als Zwillinge-Geborener schätzt man tolle Operninszenierungen, gutes Schauspiel und gern auch ein bisschen Mainstream. Es muss nicht immer der Klassiker sein. Auch im Boulevard findet er immer noch etwas, von dem er begeistert erzählen kann. Aber so ist es mit dem Zwilling: Haben sie etwas erlebt, gehen sie auch schon weiter. Sie halten sich nicht fest an den Erfolgen des Gestern. Als Zwilling befindet man sich immer im Morgen.

Einen Zwilling würde ich allerdings nicht anrufen, wenn ich mal krank bin. Ich würde ihn nicht fragen, ob er mal vorbeikommen und sich einen Tag um mich kümmern könnte. Der Zwilling würde zwar zusagen, mit Sicherheit auch Stunden später bei mir klingeln – aber er wäre komplett überfordert. Mit solch einer Situation kann der einfach nicht umgehen. Denn das hat etwas mit Verfall und Gebrechen zu tun und damit ist der Zwilling einfach nicht beschäftigt. Der Zwilling ist damit beschäftigt, nach vorne zu denken, gesund zu sein, aktiv und kreativ. Kranksein steht nicht auf seinem Plan.

Das Sternzeichen Zwillinge vereint auch zwei Seiten in sich, zwei Menschen. Der eine Part ist sehr charismatisch und offen. Er nimmt das Leben einfach wie es ist und lebt sich selbst. Wenn er eine Idee hat, dann setzt er sie um. Der andere Part kann sich zum Beispiel in der Gestalt eines großen Moralapostels zeigen, der bestimmte Prinzipien vertritt und damit aus der Realität flüchtet. Er baut eine andere Welt auf – eine innere Welt, die es für ihn zu schützen gilt. Er tut das über eine Fassade und über eine bestimmte Ordnung und Struktur. Wir erinnern uns an die akribisch angeordneten Shampooflaschen und an das perfekt sitzende Outfit. Man darf dabei nicht vergessen, dass der eine Zwilling, der sich eher zurückzieht, auch ganz viel von dem anderen Zwilling hat. Und man weiß nie, was vielleicht noch kommt: Zwillinge verändern sich gern. Als Luftzeichen mögen sie das einfach.

Sie können die ganze Nacht vor dem Fernseher hocken, sich die Oscarverleihung anschauen oder sämtliche Awards, die im Jahr verliehen werden. Mitunter sind sie dabei noch ständig online, stellen ein Produkt nach dem anderen bei Ebay rein oder ersteigern immer wieder etwas Neues. Sie brauchen eben Aktivität und bekommen es auch hin, sich die halbe Nacht – oder die ganze – um die Ohren zu schlagen. Wenn nicht mit Freunden, bei einem guten Essen oder Spieleabend, so doch weniger oder gar nicht kommunikativ vor der Mattscheibe. Es gibt wohl immer eine Begründung, auch nachts noch eine Serie sehen zu müssen. Hier finden wir den Zwilling ausnahmsweise mal nicht im Morgen. Sollte nächstens ein Film oder eine Serie im Fernsehen zu sehen sein, sitzt der Zwilling davor. Und die Begründung ist einfach, aber effektiv: »Lange nicht gesehen ...«, so, als würde ihm etwas entgehen. Vielleicht ist das der einzige Punkt, an dem es keine rein intellektuelle Erklärung seines Verhaltens gibt, oder?

Die Frage ist, welche Realitätsflucht mitunter bei Zwillingen stattfindet, wenn sie sich auf ein Leben fern des Alltags einlassen. An dieser Stelle bin ich so wenig Zwilling, dass ich es leider nicht beantworten kann. Aber es ist faszinierend.

In der Jugend probieren sie möglichst alles aus: sind ein Jahr hier, ein Jahr dort, sind gern in der Welt unterwegs. Sie wollen wissen, wie sich das anfühlt, wie andere ticken, oder sie wollen es schlicht und ergreifend gesehen haben – eigentlich am liebsten alles zusammen. Und sie schaffen das alles auch, so nachtaktiv wie sie sind. Häufig haben sie auch ein gutes Zeitmanagement, das das zulässt.

Jedoch, wir haben ja zwei: Unser Zwilling soll seit einer Stunde bei einem Termin sein, aber er sitzt immer noch zu Hause am Rechner und kann sich nicht losreißen. Gutes Zeitmanagement? Na, ja ... Oder er sitzt im Auto, schaut sich die Welt an und nebenbei telefoniert er und macht gleichzeitig Tausend andere Sachen und dann verzettelt er sich und kommt zu spät zu seinem eigentlichen Ziel. Aber man kann es ihnen auch irgendwie nie richtig übel nehmen: Wartet man nicht gern auf einen Zwilling?

Wie alle Luftzeichen ist natürlich der Zwilling auch sehr im Kontakt mit anderen Menschen. Er ist immer in Bewegung, im Dialog mit anderen, er denkt und arbeitet mit allem, was sich ihm bietet. Der Zwilling wählt genau aus, mit wem er Zeit verbringen will, denn Inspiration steht für ihn eben ganz vorn.

Ich erlebe es immer wieder, dass Zwillinge sammeln. Die Luftzeichen sammeln generell, bis auf die Waage, die sich damit schwertut. Aber Wassermann und Zwillinge sammeln, wenn sie ein Thema haben. Das kann alles Mögliche sein.

Ich kannte mal einen Zwilling, der Wanderstöcke mit Stocknägeln gesammelt hat, und zwar alte Exemplare aus den fünfziger und sechziger Jahren und dann ausschließlich aus der Steiermark. Er interessierte sich explizit für genau diese Wanderstöcke mit ganz vielen Plaketten. Er bewahrte sie in einer Vitrine im Flur auf. Das wirkte, muss ich sagen, unglaublich dekorativ. Die Vitrine ist speziell für die Stöcke angefertigt worden und auf dem Boden war Kunstrasen ausgelegt. Ich habe bis heute nicht verstanden, wie man so etwas sammeln kann, aber es sah beeindruckend aus, ehrlich!

Der Zwilling
unter der Schere

Was mir bei allen Zwillingen – Männern wie Frauen – auffällt, ist, dass sie häufig gern eine freie Stirn haben. Das haben beide Geschlechter dieses Sternzeichens gemeinsam. Warum ist das so? Sie brauchen Raum zum Denken, Platz, sie möchten die Luft direkt spüren. Sie müssen sie auch nicht verstecken, denn häufig haben sie eine sehr imposante, schöne, charismatische Stirn. Sie wissen, wer sie sind. Natürlich gilt das nicht für alle Zwillinge – wie auch. Aber es fällt mir auf.

Was für Zwillinge so gut wie immer gilt, ist, dass sie einen sehr direkten, klaren Blick haben. Sie können ihr Gegenüber ganz aus sich heraus ansehen und ein gerades, direktes Interesse zeigen. Man spürt, dass da jemand neugierig auf dich ist. Die Augen eines Zwillings wandern jedoch auch. So sehr sie bei dir sind, so sehr sind sie schon im Morgen – oder bei einer spannenden Situation, die sie am Rande eines Gesprächs wahrnehmen.

Je kreativer der Zwilling, desto häufiger wechselt er seinen Look. Das Eigene, Luftige, Freigeistige des Zeichens ist dabei immer auch an seinen Haaren zu erkennen. Einzig in Phasen, in denen es das Leben vielleicht nicht ganz so gut mit ihm meint, hält der Zwilling häufig an seinem Äußeren fest. Das können Strähnen sein, eine übriggebliebene Dauerwelle aus den achtziger Jahren, ein Schnäuzer, der Goatee-Bart aus den frühen Neunzigern oder ein Soul Patch – ein schmaler Unterlippenbart. Zwillinge-Männer tragen vielleicht immer noch eine schicke Lederweste und die Frauen halten an ihrem schlecht kopierten Ascot-Hut fest.

Gleichzeitig ist für Zwillinge ihr Haar die vielleicht einzige Konstante im Leben: Es ist entweder dick oder dünn, flach oder voll, lockig oder glatt. Sie kennen es und verlassen sich entweder auf einen guten Schnitt und bleiben auch an Bad Hair Days entspannt. Haare sind ihnen an diesen Tagen dann doch nicht so wichtig. Oder sie wollen ein Image von sich aufrechterhalten und tun alles dafür, damit die Haare diesem entsprechen. Sie sind eben zwei – die Zwillinge.

Die Zwillinge-Frau

Mir ist aufgefallen, dass Zwillinge-Frauen häufig eher größer sind. Sie haben wache, klare, eindrucksvolle Gesichter mit hübschen Nasen. Sie sind nicht nur schön, sondern auch interessant und strahlen eine ganz natürliche, sehr elegante, frische Anmut aus.

Haben Zwillinge fast ihr ganzes Leben lang nur einen einzigen Haarschnitt? Bei älteren Zwillinge-Damen könnte das so sein. Hier spielen dabei dann leider oft Dauerwellen und Strähnchen eine große Rolle. Ich kenne wirklich kein Sternzeichen, das so verrückt nach Fülle und nach Strähnen zu sein scheint. Ich habe schon mal gedacht, dass bei Strähnen der Kontrast zwischen Hell und Dunkel die beiden Seiten des Zwillings symbolisiert.

Bei Haaren mit wenig Fülle ist ein perfekter Schnitt umso wichtiger. Wenn ein Friseur hier sein Handwerk versteht, dann fallen auch solche glatten Haare richtig und man wird glücklich damit. Wenn es unbedingt das große Volumen sein soll, dann rate ich immer dazu, das mal für einen Event so zu stylen. Will man es aber jeden Tag haben, dann muss man sich morgens einfach die Mühe machen und sich eine halbe Stunde mit seinen Haaren auseinandersetzen. Nicht chemisches Volumen dauert eben einfach länger.

Ist es nicht so, dass der eine Zwilling immer das will, was der andere nicht hat – und umgekehrt? Zehn Jahre Fülle, zehn Jahre glatt. Ein halbes Leben Dauerwelle und ein halbes Leben keine – auch das findet man bei einem Zwilling häufiger als bei jedem anderen Sternzeichen. Und es kann gut sein, dass ein Zwilling, der die letzten zwanzig Jahre ohne Dauerwelle und Strähnen auskam, mit fast neunzig es doch noch einmal probieren will.

Prominente Zwillinge-Frauen

Wenn man sich die frühen Fotos von Marilyn Monroe anschaut, dann sieht man, dass die Haare damals noch ziemlich flach am Kopf anlagen. Dann kam nicht nur sehr viel Volumen dazu, sondern vor allem wurde sie blond. Sehr blond. Aber es sah toll aus. Gerade die späten Fotos von ihr finde ich phänomenal.

Wenn man sich ihr Leben anschaut, zeigt sich, dass sie trotz ihres Image als Sexgöttin immer nach Intellekt gestrebt hat. Das hat man spätestens gesehen, als sie Ende der fünfziger Jahre nach New York ging und als ernsthafte Schauspielerin anerkannt werden wollte und sich mit Lee Strasberg anfreundete.

Viele Biografen schildern, dass sie immer zu spät kam, und das ist auch etwas, was sehr typisch für den Zwilling ist – ähnlich wie beim Schützen. Die Schützen kommen jedoch zu spät, weil sie ihre Prioritäten anders setzen. Sie glauben, noch dieses und jenes tun zu müssen. Bei den Zwillinge-Geborenen liegt es daran, dass sie einfach ihren eigenen Rhythmus haben und ihnen so viele verschiedene Themen durch den Kopf gehen. Permanentes Denken und Rationalisieren sind typisch für sie. Die Zwillinge denken schnell und sie denken viel – und das dauert. Sie wissen, dass es für ihre Mitmenschen lästig ist, wenn sie häufig zu spät sind. Sie entschuldigen sich auch. Aber sie schaffen es nicht, das zu ändern – und kommen beim nächsten Mal wieder zu spät.

Bei Marilyn Monroe noch ein ganz kurzer Abstecher zu John F. Kennedy: Der Präsident war auch Zwillinge. Wenn zwei Zwillinge aufeinander treffen, ist das mitunter großartig. Da treffen sich zwei Freigeister. Und diese Affäre hat uns ja schließlich auch das wunderbare *Happy Birthday* von Marilyn zu Kennedys fünfundvierzigstem Geburtstag beschert.

Helen Hunt, ebenfalls Zwillinge, trägt seit Jahren denselben Look. Immer die gleichen langen Haare, mal mit Fülle, mal ohne. Für mich ist sie eine klassische Zwillinge-Frau. Bei ihr muss ich immer an den Film *Then She Found Me* denken, in dem Helen Hunt als eine New Yorker Lehrerin mit Kinderwunsch ihre leibliche Mutter kennenlernt, die von Bette Midler gespielt wird. Sie ist wie Helen Hunt bei Adoptiveltern aufgewachsen. Hunt hat bei diesem Film zum ersten Mal Regie geführt. Man merkt diesem Film an, dass sie das Thema geistig völlig erfasst hat. Ich fand den Film großartig und Helen Hunt ist in meinen Augen einfach eine wunderbare Schauspielerin. Ihre Haare liegen eher platt am Kopf an, aber es steht ihr gut. Sie sieht toll aus.

Der Zwillinge-Mann

Zwillinge-Männer sind in der Regel wahnsinnig sexy. Das ist wirklich verrückt. Das sind Männer, die einfach *da* sind. Sie strahlen – wie auch die Zwillinge-Frauen – das gewisse Etwas aus, etwas Luftiges, dynamisch Leichtes.

Ein Zwillinge-Mann denkt immer groß. Gibt man ihm einen DIN-A3-Block und bittet ihn, ein Bild zu malen, dann kann man sicher sein, dass er locker alle zehn Blätter, die in diesem Block sind, hinten mit einem Tesafilm oder etwas Ähnlichem zusammenklebt und erst wenn er diese Riesenfläche vor sich hat, greift er zum Stift.

Ein Freund von mir war Zwilling. Er setzte in meinen Augen immer noch eins drauf. Wir waren beide Schauspieler. Während ich meinen Beruf wechselte und erst mal einen kleinen Friseurladen aufmachte, mit dem Wunsch nach einem gelasseneren, ruhigeren Leben mit mehr Zufriedenheit, schaffte er die Gratwanderung und eröffnete ungefähr zwei Jahre nach mir ein kleines Restaurant in Berlin-Mitte, in das von Anfang an die wirklich tollen, spannenden Leute kamen. Seinem künstlerischen Schaffen blieb er aber trotzdem treu und arbeitete weiter als Schauspieler, Produzent und Regisseur. Er hatte ein interessantes, aufregendes Leben.

Geboren in New York, nach den ersten Lebensjahren aufgewachsen im Ruhrgebiet, dann wieder New York, Australien und schließlich und endlich Berlin – mit vielen Abstechern in die große, weite Welt. In New York tat er sich mit ein paar Freunden zusammen und gründete das German Theatre Abroad.

Sie übersetzten große deutsche Gegenwartsliteratur ins Amerikanische, es fanden wunderbare Lesungen statt. Eine Weile bespielten sie ein New Yorker Theater nach einem deutschen Stadttheatermodell oder aber sie mieteten einen Bus und fuhren mit einem Stück, das ein berühmter deutscher Autor für sie geschrieben hatte, quer durch die USA und beglückten die amerikanischen Provinzen mit ihrer Kunst. Er spielte in einem Hollywoodfilm, an großen Bühnen in Deutschland und drehte Filme. Und das sind nur Bruchstücke von allem, was er erlebt und getan hat.

Ich glaube, fast jeder aus seiner Branche fand ihn wahrhaft faszinierend. Ein Kumpeltyp, sehr gut aussehend, mehr als inspirierend, verlässlich, mit dem man einfach gern Zeit verbrachte. In meinen Augen war es eines der besten Zwillinge-Leben überhaupt. Und ja, Zwillinge denken groß. Als er von uns ging, fand das in einem Berliner Fünfsternehotel statt, einer wunderschönen Frau an seiner Seite, in einem guten Anzug, frisch gestylt und in roten Cowboystiefeln. Er war sofort tot. Zwillinge denken an morgen, aber eben nicht an den Verfall. Sie können nicht klein denken und das müssen sie auch nicht. Wir brauchen diese Menschen, die eben nicht nur im sogenannten Bürgerlichen funktionieren. Sie schätzen die Beständigkeit, aber sie brauchen die Weite der Welt, die sich ihnen, neugierig wie sie sind, sofort öffnet und erschließt.

Die Männer dieses Sternzeichens lieben es, wenn das Haar unkompliziert ist: Nacken und Seiten kurz – damit fühlen sie sich wohl. Schließlich brauchen sie Raum und Luft zum Denken. Mir ist aufgefallen, dass sie es besonders genießen, wenn sie zu einem Barbier gehen oder einem arabischen Friseur, wo sie ausgiebige Kopfmassagen bekommen und sich noch rasieren lassen können – die Haare in den Ohren werden natürlich abgebrannt. Die Welt öffnet sich ihnen auch hier.

Seien Sie nicht irritiert, wenn Zwillinge-Männer Ihnen in einer Krise Tipps geben möchten und sofort eine Lösung parat haben – die aber dann völlig am Thema vorbeigeht und auch gar nicht so richtig zu Ihnen passt. Der Zwillinge-Mann kommt dann daher und sagt so etwas wie: »Ja, das ist folgendermaßen, ich erkläre es dir jetzt mal ganz genau. Es ist völlig einfach, du machst es so und so und so – und nicht anders.« Man kann es ihm nicht übel nehmen. Es ist eben eine Zwillinge-Lösung. Als Gegenüber sollte man nur versuchen, die Wahrheit, die dort zweifelsohne drinsteckt, zu erkennen und damit für sich zu arbeiten. Nur die Patentlösungen, die der Zwilling gern präsentiert, passen eben einfach nicht immer für alle Sternzeichen.

Hier an diesem Punkt wird etwas sehr Wichtiges sichtbar, das Zwillinge ganz genau verstehen: Sie verharren nicht in ihrer Wahrheit. Sie sind vielschichtig. Wenn alle Zeichen bewusst miteinander leben und kommunizieren würden, wenn sie ganz aufrichtig und offen in einen befruchtenden Dialog treten, dann können Energien frei werden – das ist fantastisch. Wenn man nicht da stehen bleibt, dass der eine sagt: »Ich habe recht«, und der andere sagt: »Nein, ich habe recht«, und man sich dann irgendwann gegenseitig bekämpft. Man sollte stattdessen erkennen, dass das Gegenüber seine eigene Wahrheit äußert, so wie man selbst das auch tut. Es sind verschiedene Positionen, die hier vertreten werden.

Daraus kann man sehr viel machen. Nicht jedes Sternzeichen ist dazu fähig, aber die Anlage dafür steckt in jedem von uns. Die eine Person hat eine Realität und die andere hat eine andere. Wenn wir das einfach so stehen lassen und nutzen, dann kann das Leben so leicht sein. Das ist wahrscheinlich der ewige innere Konflikt der Zwillinge: die zwei Wahrheiten. Und wir anderen können so viel daraus lernen – wer hätte das gedacht!

Prominente Zwillinge-Männer

Neil Patrick Harris denkt groß und er ist ein großer Schauspieler. Viele kennen ihn aus *How I Met Your Mother* oder als Wunderkind »Doogie« Howser. Ich liebe es, wie er die Tony Awards moderiert. Ich finde es auch beeindruckend, wie visionär er mit seinem Privatleben umgeht. Er ist schwul und hat mit seinem Partner Zwillinge, die eine Leihmutter ausgetragen hat. Seine Frisur ist wenig spektakulär: Nacken kurz, Seiten kurz – kurz, kurz, kurz. Es sieht aber gut aus. Ein typischer Zwillinge-Mann eben.

Bei Jamie Oliver mag ich es sehr gern, wenn er die Haare etwas länger hat, weil ihm das einfach wahnsinnig gut steht. Wenn man wie er ein paar Pfunde kaschieren möchte, dann lohnt es sich einfach, die Haare etwas länger zu tragen. Jamie Oliver ist ein Zwillinge-Visionär: Er engagiert sich leidenschaftlich dafür, dass sich Kinder und Jugendliche gesund ernähren. Und wie er seinen Weg gegangen ist – dass er als erster Koch gesagt hat: »Ich bin da haptisch und ich habe eine Vision und will das weitergeben.« Er hat mit den Jahren eine ganz außergewöhnliche und bewundernswerte Entwicklung durchgemacht.

Wie alle Zwillinge-Männer wird auch Jamie Oliver manchmal spätabends zur Tankstelle fahren und sich einfach eine große Tüte M&Ms kaufen – und zwar bestimmt die XXL-Tüte. Der Beifahrer kann dann glücklich sein, wenn er zehn Stück abbekommen hat. Der Rest ist nämlich komplett im Mund des Zwillings verschwunden. Bei Süßigkeiten kennen viele Zwillinge wirklich keine Hemmungen, da langen sie richtig zu. Allerdings meistens nur dann, wenn sie allein sind. Aber wenn sie einem Menschen tief vertrauen oder der andere vielleicht sogar selbst Zwilling ist, dann gibt es kaum ein Halten mehr. Also: Zwei Tüten müssen her!

DIE PERFEKTE FRISUR FÜR ZWILLINGE

Unkomplizierte Frisuren, mal klassisch, mal modern, luftig, dynamisch leicht, spielerisch unverbindlich und immer mit Fülle. Ist es nicht so, dass man immer das will, was man eigentlich gerade nicht hat? Zwillinge lieben es abwechslungsreich. Die Zwillinge-Männer mögen oft unkomplizierte kurze Schnitte. Für Männer wie Frauen dieses Zeichens gilt: Es darf Spaß machen und sollte phasenweise immer wieder überraschen.

Profi-Tipp für den Friseur

Bei der Beratung schätzt es der Zwilling, wenn man ihn von einer Idee überzeugt. Am besten erklärt ihr es ihm ganz plastisch, was ihr vorhabt – mit einem Foto oder ohne. Hauptsache, ihr bekommt es in seinen Kopf.

KREBS

22. Juni bis 23. Juli

KREBS

22. Juni bis 23. Juli

»Einfache Gefühle«

Annette arbeitete bei einer Mitwohnzentrale und ich brauchte mal wieder dringend eine Bleibe. Sie konnte mir nichts vermitteln, doch zum Glück bot sie mir an, bei sich zu Hause einzuziehen. Auch sie vermietete ein Zimmer in ihrer Wohnung. Da wir uns gleich mochten, freute ich mich und stand mit meinen zwei Koffern noch am selben Tag vor ihrer Tür. Leider musste ich nach einer Woche schon wieder ausziehen, weil sich bald herausstellte, dass sie mein Zimmer noch anderen versprochen hatte. Nach einem kurzen Mietintermezzo in einer anderen Wohnung konnte ich doch wieder einziehen. Dreimal ging das so hin und her: Einziehen, ausziehen, einziehen, ausziehen ... Das zeigt den typischen Krebs: Er ist ein bisschen chaotisch, aber unglaublich liebenswert.

Annette hatte eine fantastische Ausstrahlung – wow! Wirklich! Sie war schillernd, romantisch, verspielt und sehr zart: Krebse sind sehr verletzlich. Der Mond ist der Begleiter des Krebses, vielleicht ist das der Grund dafür, dass dieses Sternzeichen starken Stimmungsschwankungen unterliegt. Menschen, die mondfühlig sind, sind nur zu bestimmten Zeiten sensibel für diesen natürlichen Satelliten der Erde. Der Krebs ist seiner Kraft jedoch immer erlegen. Wenn er aber mit dem Mond geht und seine Energien für sich annimmt, dann muss er sich nicht seinen Stimmungen ausgesetzt fühlen, sondern nimmt sie an und kann sie für sich als Potenzial nutzen.

Annette hatte das, was man »Klasse« nennt. Sie liebte das Nachtleben und streifte hemmungslos durch die Clubs. Es kam mir vor, als kannte sie wirklich jeden. Für mich als neunzehnjährigen Neuberliner war es immer ein berauschendes Erlebnis, mit ihr unterwegs zu sein. Die Welt war damals – auch durch Annette – aufregend und neu.

Sie hatte ihren ganz eigen Stil, der sich kein bisschen um Modeerscheinungen, Zeitgeist und Trend scherte. So trug sie in der Zeit der Föhnwellen meistens einen Chignon. Ich hatte nie zuvor einen so tollen, selbst gemachten Chignon gesehen. Er war perfekt und passte zu ihr. Ich beobachtete, wie sie die Technik beherrschte: Sie nahm ihr Haar fest am Oberkopf zusammen, teilte es in zwei Teile, toupierte jedes sanft an, schlug den Chignon weich ein und befestigte ihn mit ein paar Nadeln. Was ich außerdem nie vergesse, ist eines ihrer Lieblingskleidungsstücke – ein superenges Strickkleid. Es war grau und so eng, dass man eigentlich keine Unterwäsche darunter tragen konnte. Ganz schön gewagt! Trotzdem versteckte das Kleid alles. Es war fast bodenlang, hatte lange Ärmel und weder Dekolleté noch Rückenausschnitt – das perfekte Kleid, um sich als Krebsfrau in den sanften, mondfühligen Momenten sicher zu fühlen.

Annette ist irgendwann aus Berlin weggegangen. Wie ich erfuhr, hat sie nach einiger Zeit der Weltenbummelei in Thailand eine Tauchschule eröffnet. Typisch Krebs eben – sein Element ist das Wasser. Übrigens hatte sie auch immer ungewöhnliche, attraktive und kluge Männer an ihrer Seite.

Annette hat heute einen kleinen Laden in einem Ort am Möhnesee, in dem sie wunderschönen Schmuck aus Thailand verkauft.

Wegen ihrer breiten Stimmungspalette haben die Krebse unglaublich viele Facetten, das macht sie so faszinierend. Sie suchen immer das absolute Glück – Glück auf allen Ebenen, und sie suchen es aus vollem Herzen, auch wenn sie nicht immer wissen, wie es eigentlich aussehen mag.

So wie Krebs-Geborene häufig ihre Lebensumstände wechseln, so ändern sich auch ihre Stimmungen. Vom Mond und den Gezeiten getrieben, können sie einfach nicht anders. Für andere, vor allem für die bodenständigeren Zeichen, ist das manchmal schwer nachzuvollziehen. Auf sie wirken Krebse entweder launisch-chaotisch oder aber sensibel-reizbar.

Dabei ist es aber gerade die Fähigkeit der Krebse, alles tief zu empfinden, die sie auch zu dem empathischsten aller Zeichen macht. Mit ihrer Sensibilität für Emotionen und Schwingungen spüren sie sofort, wie es anderen Menschen geht und reagieren schneller und vor allem mitfühlender als andere darauf.

Diese große Gabe – ihre Stärke und ihre Verletzlichkeit – lässt sie sehr schnell auf einer persönlichen Ebene mit anderen in Kontakt treten. Der Krebs nimmt uns quasi in Obhut. Bei einer meiner Mitarbeiterinnen habe ich mal etwas sehr Berührendes erlebt. Auch sie ist im Zeichen Krebs geboren und kümmerte sich um einen weiblichen Gast in meinem Salon, deren Mann sich gerade von ihr getrennt hatte. Meine Mitarbeiterin und sie kannten sich schon eine Weile und waren vertraut miteinander. Jedenfalls habe ich an diesem Nachmittag erlebt, wie sie ihre Schere hinlegte und sagte: »Du, ich muss mal kurz aufhören zu schneiden. Es tut mir so leid, dass du da durch musst.« Beide hatten in diesem sehr nahen Moment Tränen in den Augen. Ich merkte, dass sich der Gast komplett verstanden fühlte. Meine Mitarbeiterin konnte ihr in diesem Moment exakt das geben, was sie gebraucht hat. Ich war sehr stolz auf sie. Empathie ist wirklich die große Qualität der Krebse.

Eigentlich alle Vertreter dieses Sternzeichen sind äußerst fürsorglich, geradezu mütterlich. Wenn ein Krebs auf der Straße einen Bedürftigen trifft und von ihm angesprochen wird, kann es sehr gut passieren, dass die beiden ins Gespräch kommen und sich schnell über ganz persönliche Dinge unterhalten. Es wäre auch überhaupt nicht verwunderlich, wenn er dann plötzlich diesem Menschen seine eigene Jacke schenkt, denn er hält es einfach nicht aus, wenn es jemandem schlecht geht. Das habe ich wirklich einmal so erlebt! Es war unangenehm kalt und eine Krebs-Freundin von mir überließ kurzerhand ihren Schal einem Obdachlosen. Es war ein Schal von

Dolce & Gabbana und ihr war es völlig egal. Besitz steht für den Krebs eben nicht an erster Stelle. Das jedenfalls hat mir diese Geste gezeigt und mich wirklich beeindruckt.

Nähe und Geborgenheit mit Freunden, vor allem aber in der Familie: Das ist das Lebenselixier für Krebs-Geborene. Als Eltern sind sie sehr liebevoll und behütend, jedoch nicht unbedingt im Übermaß. Wenn der zwölfjährige Sohn gefragt wird, ob er eine Gutenachtgeschichte vorgelesen haben will, dann geschieht das aus purer Liebe. Familien, in denen einer der beiden Elternteile Krebs ist, sind bilderbuchtauglich. Auch wenn die Kids eigentlich schon erwachsen und aus dem Haus sind, enden die Fürsorge und Unterstützung nie. Da gehört es zum Beispiel zum Krebs-Familiensinn, dass die komplette Wohnung des Sprösslings renoviert wird, ohne dass darüber viel Aufhebens gemacht wird.

Krebse brauchen Nähe, Harmonie und Nestwärme, um sich wohlzufühlen und schenken dies auch gern ihrer Umgebung. Auf der anderen Seite der Empfindsamkeit steht aber leider die Verletzlichkeit und mitunter auch Reizbarkeit. Zum Thema Paarverhalten passt deshalb auch diese kleine Geschichte recht gut, die mir jemand über ein junges Pärchen erzählt hat: Kam es mal zu einem Streit oder einer Auseinandersetzung, ging der Krebs-Mann mitten in der Aussprache völlig hilflos aus der Situation heraus: Er ging einfach weg, und zwar bei jeder Auseinandersetzung. Mit den Jahren wurden diese Phasen, in denen er wegblieb, immer länger. Im Laufe der Zeit steigerte sich das mitunter bis zu einer Stunde. Die Frau trug es anfangs mit Fassung und konnte darüber sogar noch lachen. Doch irgendwann löste dieses Verhalten auch bei ihr Konfusion und Verlustängste aus, die sonst eigentlich eher Sache des Krebs-Mannes sind. Diese ohnmächtige Stimmung übertrug sich auf den Partner. Sie zu verstehen, zu deuten und in gewisser Weise auch einzufangen, kann daher durchaus eine Paaraufgabe sein.

Dieses Wasserzeichen reagiert mitunter auf ein Verhalten, eine Äußerung beleidigt es, ist eingeschnappt und zieht sich zurück. Seinem Verwandten aus dem Tierreich ist der Krebs in dieser Hinsicht besonders ähnlich – vor allem, wenn er sich bedroht fühlt. Dann verschränkt er die Arme vorm Körper – wie der Krebs seine Scheren vorm Panzer –, schottet sich von seiner Umwelt ab und zeigt ganz deutlich, wie sich die Gefühle stauen. In diesem Moment ist die Welt böse und gemein. Er fragt sich: »Was habe ich nur falsch gemacht?« Andere schauen mit Erstaunen zu und können die Reaktion oft nicht einsortieren. Nicht einmal der Krebs selbst weiß dann, dass er mit einem Thema aus der persönlichen Vergangenheit konfrontiert wird, das sich Bahn bricht.

Krebse lieben wie kein anderes Sternzeichen: intensiv, ehrlich, echt. Mit ihrem ausgeprägten Familiensinn ist ihnen diese Basis als solides Fundament besonders wichtig. Krebs-Männer wie auch Krebs-Frauen hätten wahrscheinlich am allerliebsten Großfamilien: Drei Generationen unter einem Dach – oh, wie schön! Hier hat der Krebs seinen Platz, hier wird er gebraucht und kann sich einbringen und die Nestwärme genießen. Mit viel Enthusiasmus setzt er alles daran, sich genau dieses Ideal zu erschaffen.

Zum Idyll der intakten Beziehung oder Familie passt die Treue, so sollte man denken. Der Krebs kann mitunter Untreue gut unter den Tisch kehren. Solange sich grundsätzlich nichts ändert, ist doch alles gut. Aber wehe, die Veränderung geht vom Partner aus.

Kommt es dennoch zur Trennung vom Partner (auch Krebse lieben die Abwechslung …), pflegt der Krebs weiterhin einen guten und engen Kontakt zu den Kindern, und das nicht nur aus einem Verantwortungsgefühl heraus, versteht sich. Der Kontakt zu Exfrauen bricht häufig ab, weil die Männer lieber einen klaren Schlussstrich ziehen. Die Krebse ziehen sich eben in ihren Panzer zurück und verharren. Krebsfrauen können den Umgang mit dem Ex dagegen durchaus noch lebendig gestalten.

Bei einigen Krebs-Geborenen fällt auf, dass sie sich nicht nur zurückziehen, wenn die Stimmungen und Emotionen negativ empfunden werden, sondern sich dann in einer Art realitätsfernen Welt einrichten. Erscheint das Leben zu schwer, erschaffen sie sich eine eigene Wirklichkeit, um die Welt da draußen zu überstehen. In der Konsequenz heißt das natürlich, dass sie sich dem Hier und Jetzt nicht stellen. Da dies ein durchgängiges Muster zu sein scheint, wurden vielleicht auch zurückliegende und negative Erfahrungen und Gefühlsmomente nicht hinreichend verarbeitet. Dadurch können aktuelle Ereignisse kaum kompensiert werden und er verliert scheinbar die Kontrolle über seine Gefühle oder kann sie eben nicht mehr steuern. Es erscheint ihm dann einfacher, sich auf die anderen zu konzentrieren, sich in ihr Leben einzumischen, vielleicht sogar mitunter seine Umwelt zu manipulieren oder aber sie beherrschen zu wollen. Das geschieht keineswegs aus böser Absicht heraus, sondern dient einzig und allein dem Zweck, sich selbst zu schützen. Für ihn ist es manchmal einfacher, Kontrolle über andere auszuüben, als sich mit den eigenen Verletzungen auseinanderzusetzen, die ihn so fundamental in seinen Grundfesten erschüttert haben.

Der Krebs
unter der Schere

Vertrauen spielt für den Krebs auch beim Thema Haare eine große Rolle. Eigentlich kann er sich gut in andere hineinversetzen. Wenn ich ihm oder ihr als Friseur etwas vorschlage, kann es jedoch passieren, dass es abgelehnt wird. Zwar versteht er die Absicht, kann sich aber nicht vorstellen, eine Veränderung zu versuchen. Wer weiß, wie er sich damit fühlt?

Mit der ihm eigenen Hartnäckigkeit haftet er an den Vorstellungen, wie der eigene Kopf auszusehen hat. Das entspricht dem Bekannten und Vertrauten, selbst wenn es nicht unbedingt zeitgemäß und auch nicht vorteilhaft ist. Spürt er aber meine eigene Empathie, weil ich mich auf sein Empfinden einstelle, dann kann er sich für etwas Neues öffnen. Er kann vertrauen. Wenn ein Friseur empathisch ist und seinem Krebs-Gast das Gefühl geben kann, dass er ihn erkennt und sieht, dann bleibt dieser Gast ihm treu. Es entwickelt sich eine Bindung, die ein ganzes Leben lang halten kann und zwar weit über die eigentlichen Termine im Laden hinaus.

Will man den Krebs dagegen dominieren oder ihn aus der Selbstbestimmung herausholen, so kann er damit gar nicht umgehen. Dann zieht er sich in seinen Panzer zurück und lässt sich ins offene Meer zurücktreiben, da er sich an Land nicht mehr frei bewegen kann. Also, liebe Friseure: Versucht nicht, am Kopf eines Krebses etwas umzusetzen, das nur ihr wollt! Für den Krebs geht es an dieser Stelle immer um mehr.

Ich verbinde den Krebs mit frischem, natürlich gearbeitetem Haar, das toll riecht. Was sehr gut zu ihm passt, ist zum einen geglättetes Haar: Der Sleek-Look bildet den Ausgleich zu seinen Stimmungen. Aber auch zarte, sanfte Wellen sind für dieses Sternzeichen wie geschaffen und unterstreichen die sehr emotionale Note.

Es geht bei Männern wie bei Frauen diesen Zeichens bei den Haaren um Sicherheit. Sie fühlen sich wohl mit dem, was sie können und was ihnen vertraut ist. Es sind Frauen, die auch zum hundertsten Geburtstag noch lange Haare tragen wie ein Hippie-Girl. Das kann toll aussehen oder auch »over the top«. Es sind Männer, die sich mit fünfzehn, sechzehn Jahren zum Beispiel für einen Rockabilly-Haircut mit Elvis-Tolle entschieden haben. Sie werden immer wieder darüber nachdenken, den Look jedoch nie wirklich infrage stellen. Sie lassen sich das Haar vielleicht auch mal anders arbeiten, kehren jedoch nach Monaten wieder zum Altbekannten zurück. Bewährtes bleibt. Das alles unterstreicht ihre sehr emotionale Note. In ihrer sehr tiefen Verletzlichkeit wollen sie sich sicher fühlen, auch mit den Haaren.

Die Krebs-Frau

Die Krebs-Frau hat sehr häufig romantische Frisuren, die ein bisschen verspielter sind und eine tolle Weichheit vermitteln. Längere Haare, die das Gesicht schützend umschmeicheln, die nicht immer die Aufmerksamkeit bekommen, die sie verdienen.

Häufig sieht der Krebs-Look aus, als hätte man den Hippie-Blumenkranz gerade erst vom Kopf genommen. Wenn ich an Krebs-Frauen denke, assoziiere ich immer Rosen im Laura-Ashley-Stil: dieses romantisch Blumige, die bürgerliche Krebsfrau mit Rosen und Engeln in ihrer Wohnung und vielem liebevoll Selbstgestalteten oder eben das Hippie-Girl vom Strand. Auf alle Fälle stets ein bisschen oder auch völlig unkonventionell – leicht chaotisch verträumt und immer mit einem Engel im Handgepäck.

Das erlaubt es, Gefühle auszudrücken – zum Beispiel auch durch Frisuren mit loser, sanfter Flechttechnik. Was sich vermittelt, ist eine entspannte, durchaus auch romantische Note. Bei langen kräftigen Haaren arbeite ich gern weiche Locken ein. Sind die Haare eher fein und kurz, passen schöne, sehr feminin gearbeitete Schnitte ganz wunderbar. Beides kann sehr sexy sein. Es unterstreicht den Charakter dieser empathischen Frauen, die immer auch etwas Geheimnisvolles haben und dem Mond näher sind als der Sonne.

Ich habe schon von Annette erzählt, die diesen perfekten Chignon trug. Weibliche Krebse setzen bewusst solche Hochsteckfrisuren für sich ein. Mit dem Aufwand, den sie mit ihren Haaren betreiben, fühlen sie sich sicher und wohl, denn es ist vertraut, es ist verlässlich, es ist auch ein gewisser Schutz.

Wollen sie dann aber doch mal aus dem Bekannten ausbrechen, experimentieren sie manchmal mit bunten Strukturen auf dem Kopf. Das können rote Strähnchen oder Blocksträhnen in einer komplett anderen Farbe sein, auch Blau oder Rosé tauchen hier immer mal wieder auf. Solche Ideen sind meist aus einer Laune heraus geboren und werden mitunter Konzept – ob andere das mögen oder gut finden, sei dahingestellt. In meinem Salon würde ich so etwas gar nicht machen, sondern immer versuchen, gute Alternativen aufzuzeigen. Das können zum Beispiel blondierte Spitzen sein – ein entspanntes Shoeshining also – oder aber zum anderen ein gleichmäßiger Verlauf, der das Haar von dem einen zu einem anderen Ton hinführt. Warum nicht lieber eine brillante Farbe, die einfach nur toll aussieht. Weniger ist in meinen Augen hier für den Krebs eben mehr!

Prominente Krebs-Frauen

Gibt es eine schönere Krebs-Frau als Meryl Streep? Mag sein. Auf jeden Fall ist sie ein wunderbares Beispiel für eine romantische Haarpracht: Geschmackvoll, sehr entspannt, natürlich, dabei trotzdem frisiert, aber manchmal auch eine kleine Prise konservativ. Ihre strengeren Frisuren auf den roten Teppichen dieser Welt geben ihr Sicherheit. Es würde mich nicht wundern, wenn sie spontan vielleicht auch unbewusst deswegen von ihr ausgewählt wurden. Haarexperimente wie bei Gloria von Thurn und Taxis wären für eine Krebs-Frau wie Meryl Streep undenkbar. Eine verlässliche Weiblichkeit ist das, was zu ihr passt.

Angela Merkel ist auch ein Krebs. Diese Frau hat mehr Charme und Humor, als es auf den ersten Blick scheint. Ich mag sie. Auch wenn es hierzu andere Meinungen gibt, ich finde aber tatsächlich, dass sie recht kreativ mit ihren Haaren umgeht und ihre Frisuren variiert. Dabei beweist sie durchaus auch Experimentierfreude bei ihren Haarfarben.

Der Bob steht ihr ausgezeichnet und gibt ihr Spielräume für kleinere Veränderungen. Bis hierher war es ein weiter »Frisurenweg«, der nicht selten mit Spott durch die Presse verfolgt wurde. Das war unhöflich, wenn Sie mich fragen. Ihr wurde mit dieser Kritik in meinen Augen viel Unrecht getan: Sah es wirklich so schlimm aus? Werden die Frisuren der männlichen Kollegen ebenfalls so dauerhaft kritisch beäugt? Leider sorgt die Welt der Politik nicht wirklich für Heiterkeit. Die traurig herabhängenden Mundwinkel und die Müdigkeit nach politischen Marathonsitzungen sehen dann bei der Kanzlerin leider auch nicht so vorteilhaft aus. Aber wenn sie ausgeschlafen glücklich lächelt, wirkt sie sehr sympathisch und sieht äußerst attraktiv aus. Betrachtet man die privaten Momente wie im Urlaub oder zu den Bayreuther Festspielen, dann zeigt sie einen gewissen koketten, mädchenhaften, wenn auch zart burschikosen Sex-Appeal.

Insgesamt hat sie eine große Entwicklung durchgemacht und ist ein gelungenes Beispiel für erfolgreiche Stilbildung, ob es nun den eigenen Geschmack trifft oder nicht. Es gibt zum Beispiel diese Jacke, die ihr meiner Meinung nach überhaupt nicht steht: Die Jacke mit den drei Knöpfen, die in Material und Farbe variiert. Sie hat sich zu einem Look entwickelt und zu ihrem Stil – die Angela-Merkel-Jacke eben. Die Frage ist: Ist sie hier spielerisch mit ihrem Ausdruck umgegangen und sich treu geblieben? Oder ist es eventuell doch nur der stoisch-krebsige Schutzmechanismus, der keine andere Jacke für sie zulässt? Es ist in jedem Fall schade, dass ihre optische Entwicklung abgeschlossen zu sein scheint. Sie traut sich weniger, experimentiert kaum noch. Dabei war es doch so spannend, mitzuerleben, wie sie sich gefunden hat.

Prinzessin Diana sieht auf den meisten Bildern, die man von ihr kennt, eher verloren aus, wie ein scheues Reh. Ihre weltweite Fangemeinde ist sich einig: Sie hatte das gewisse Etwas, einen Charme, der bezauberte, auch wenn sie nicht unbedingt die klassische Schönheit war. Ruft man sich Fotos von ihr ins Gedächtnis, so drängen sich Bilder auf mit viel Frisur, anfangs eher etwas langweilig-konservativ. Meist trug sie dieselbe Haarlänge in minimal variierenden Looks – klassisch, brav, mit einem Touch Romantik. Dabei hat sie durchaus mit verschiedenen Looks gespielt. Diese Schnitte sind ein Klassiker. Später, im Laufe ihrer eigenen Entwicklungsgeschichte, wurden sie typgerechter und immer schöner. Auch Diana scheint Berater gehabt zu haben, denen sie vertraute. Ich hätte sie gern mal mit langen Haaren gesehen. Leider trug sie ihre Haare nie lang, was sicher interessant gewesen wäre. Vielleicht wäre ihre romantische Ader damit besser zur Geltung gekommen.

Während der Zeit meiner Ausbildung wollten Frauen sehr oft die Frisur von Lady Di oder auch von Carolin Reiber: Das war 1985 wirklich der häufigste Wunsch. Vor allem Frauen ab dreißig Jahre und etwas älter liebten diese für die damalige Zeit recht bürgerlichen Looks. Ihre Frisuren im Heute neu interpretiert finde ich großartig, weil es nun nicht mehr so Mainstream ist.

Der Krebs-Mann

Krebs-Männer sind eigentlich treu und anhänglich. Eigentlich. Aber ich erinnere mich an einen Freund, der mit mehreren Frauen gleichzeitig Beziehungen hatte. Was wie ein Widerspruch scheint, ist hier keiner. Er hing an beiden und konnte sich nicht für eine entscheiden und klar sagen: »Ich will nur dich!« Es war seine Harmoniebedürftigkeit, die hier dazu führte, dass er nicht klar Stellung beziehen konnte. Seine Empathie für die jeweilige Frau hinderte ihn daran, zu handeln. Mitfühlend nahm er die Emotionen von beiden auf und war letztlich so blockiert, dass er zu weinen anfing.

Ich kenne Krebs-Geschichten, bei denen Konflikte so ablaufen, dass der Krebs-Mann mitten im Streit die Tür zuknallt und einfach geht – weil er die Situation nicht aushält und einfach nur weg will. Fünf Minuten später steht er wieder vor der Tür, tränenüberströmt und vollkommen hilflos. Er kommt einfach nicht mit den vielen Emotionen klar, die dabei hervorbrechen. Zum Glück sind die meisten Krebs-Männer nicht von dieser starken Ausprägung – ebenso »over the top«. Sie sind wirklich wunderbare Partner und Väter, die ein liebevolles Familienleben führen.

Krebs-Männer können auch streng sein. Mein erster Ausbilder war ebenfalls ein Vertreter dieses Sternzeichens. Ich erinnere mich an seine Warmherzigkeit, aber auch an seine kleinen Launen sowie seine Strenge in manchen Situationen. Er hat mir aber auch Dinge abverlangt, die nicht zur Friseurausbildung gehörten und auch nichts mit dem Beruf zu tun hatten: So sollte ich in einer Wohnung über dem Salon, die er vermieten wollte, Tapeten abreißen. Sofern er nicht im Laden gebraucht wurde, haben wir dort gemeinsam gearbeitet. Auch den Garten habe ich umgegraben und Unkraut gejätet. Rückblickend muss ich allerdings zugeben, dass diese Anforderungen mir auch einen gewissen Biss und Schliff, ja sogar Weitsicht gegeben haben. Aus heutiger Sicht finde ich es gut, dass man jungen Menschen durchaus auch mal etwas abverlangt, das über einen vorgeschriebenen Weg hinausgeht. Verstehen Sie mich nicht falsch, wir sprechen dabei von vielleicht zwei Tagen im Jahr: An diesen Tagen in einem Raum Tapeten abgerissen und es schließlich geschafft zu haben, gibt doch jedem ein gutes Gefühl. Und darum geht es.

Ich kenne einige Krebse, die als Friseure arbeiten. Ich kann mir gut vorstellen, dass die Empathie hier der entscheidende Faktor ist. Bei dieser täglichen Nähe muss man Menschen und Haare wirklich lieben. Daraus ergibt sich ein großes kreatives Potenzial. Ein Krebs-Friseur versucht wirklich, sein Gegenüber zu sehen. Er wird vor allem mit dem Instinkt arbeiten, weniger mit dem Intellekt.

Prominente
Krebs-Männer

An Tom Cruise gefallen mir sowohl die kurzen Schnitte als auch die längeren Haare. Allerdings bevorzuge ich den längeren

Look, da er ihm die Härte nimmt. Ich glaube, wenn man diesen Mann machen ließe, würde er sich für das praktische »Nacken kurz, Seiten kurz, oben kurz« entscheiden, also entspannt das tragen, was er ganz am Anfang seiner Karriere trug. Wir erinnern uns: Sich nicht zu verändern, gibt dem Krebs Sicherheit.

Leider scheint Tom Cruise sehr manipulierbar zu sein, anders kann ich mir sein Engagement bei Scientology nicht erklären. Als typisches Krebsmerkmal erkenne ich bei ihm, dass er dazu neigt, sich manchmal ein bisschen beleidigt zu zeigen. Nach der Trennung von Katie Holmes war das für mich offensichtlich. Wie der Meeres- oder Flusskrebs verschließt er sich und zieht sich in seinen Panzer zurück. Das gilt nicht nur für so folgenschwere Lebenssituationen wie Trennungen, Trauer oder Ähnliches. Die übermäßige Sensibilität des Krebses verleiht ihm aber auch seine immense Gefühlstiefe. Was würden wir in den dunklen Stunden des Lebens ohne einen Krebs in unserem Umfeld tun.

Unscheinbar wirkt der Krebs-Mann Tom Hanks auf den ersten Blick. Hätte er nicht diese große Popularität, würde man fast an ihm vorbeigehen. Auch äußerlich ist er nicht unbedingt jemand, nach dem man sich umdreht. Doch besäße er nicht diese Krebs-Qualitäten, hätte er sicher seine bekannten Rollen nicht verkörpern und zwei Oscars bekommen können. Tränen sind ihm ebenso zuzutrauen wie Launen. Jedenfalls sprechen vierundzwanzig skandalfreie Ehejahre für einen ausgeprägten Familiensinn.

Was seine Frisur betrifft, kann man nur annehmen, dass sie sich an den vielen Rollen richten oder er in seiner Uneitelkeit wenig Wert auf das äußere Erscheinungsbild als

Privatmann legt. Jedenfalls ist keine eigene Handschrift respektive kein eigener Stil erkennbar. Praktisch muss es sein. Die Veränderung kommt mit der nächsten Figur, die er verkörpert. Der Ausdruck vermittelt sich im Spiel, nicht im Spiegel.

DIE PERFEKTE FRISUR FÜR DEN KREBS

Weich, romantisch, verspielt und zart bei der Krebs-Frau – egal ob gelockt oder sanft geglättet. Es gilt: Weniger ist Mehr. Wichtig ist: Das Haar sollte frisch und natürlich gearbeitet sein. Für die Krebs-Männer gilt Konstantheit. Das ist es, was sie lieben. Doch für beide Geschlechter gilt: Der Krebs darf auch auf dem Kopf seine gefühlvolle Seite zeigen.

Profi-Tipp für den Friseur

Krebse müssen sich vor eurem Spiegel von Anfang an sicher fühlen. Das läuft immer über große Harmonie, Ruhe und viel Herz. Für die Krebs-Männer: Wenn sie keine Veränderung wollen, dann sollte man das akzeptieren, denn sie würden nicht damit klarkommen, wenn man sie zu etwas überredet.

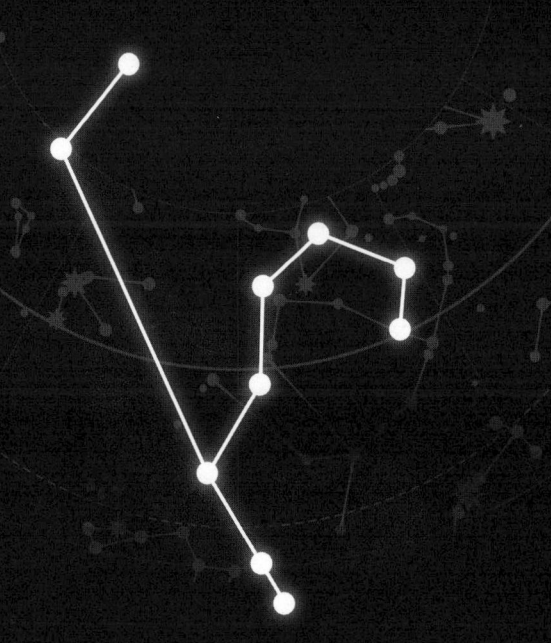

LÖWE

24. Juli bis 23. August

LÖWE

24. Juli bis 23. August

»Big Hair«

Es waren die späten achtziger Jahre und ich war gerade in Berlin angekommen. In einer Seitenstraße vom Kurfürstendamm fand ich ein Zimmer zur Untermiete bei einer älteren Dame von etwa achtzig Jahren. Wie ich schnell erfuhr, war sie Löwin. Ihre Haare müssen ziemlich lang gewesen sein: Sie trug sie extrem hochtoupiert und am Hinterkopf kunstvoll zusammengesteckt. Mehr Haar geht nicht. Ich war fasziniert von diesem Gebilde, denn trotz der schon damals sehr altmodischen Frisur unterstrich es doch ihre Persönlichkeit.

Wenn ich an diese Dame denke, kommen mir mehrere negative Wesenszüge dieses Sternzeichens in den Sinn: Eitelkeit, Kontrollwahn, Einbildung, Unsensibilität. Tatsächlich konnte sie recht verletzend sein. Sie lebte sehr einsam und zurückgezogen und ohne Freunde in dieser riesigen Wohnung, in der sie einige der Zimmer untervermieten musste – ausschließlich an Männer. Ganz selten, wenn sie niemand anderen fand, nahm sie zähneknirschend auch mal eine Frau. Es ging nicht anders, denn sie brauchte das Geld. Es war eine von diesen ca. 250 Quadratmeter großen herrschaftlichen Berliner Altbauwohnungen, die wie aus den dreißiger Jahren wirkte: Hier ein Kanapee, dort eine kleine Antiquität, viele Gründerzeitmöbel, Vasen und allerlei anderes. Es war, als wäre die Zeit stehen geblieben. Als ich einzog, gab es überall diese Zettel: »Die Tür leise schließen!«, »Bitte um sparsamen Umgang mit dem Wasser!« oder »Kein Damenbesuch!« Doch ich war froh, eine Unterkunft zu haben, und dachte nicht weiter darüber nach. Die Wohnungsnot in Berlin Ende der achtziger Jahre war sehr groß.

Schräg gegenüber von diesem Haus gab es eine Galerie für Kunstdrucke. Ich freundete mich in meinen ersten Berlintagen mit dem Galeristen und seiner Verkäuferin an und half ihnen auch mal für ein paar Stunden aus. Neben der Galerie befand sich ein Laden, der Computerportraits verkaufte. Was heute kaum vorstellbar ist, war in den achtziger Jahren ziemlich schick: Man setzte sich vor eine Kamera, es wurde ein Foto gemacht und auf diesem Endlos-Computerpapier mit Löchern an den Rändern ausgedruckt. Dort traf ich Sarah. Sie hatte gerade mit einer Schauspielausbildung begonnen und jobbte in dem Laden. Sarah machte viele solcher

Computerportraits von mir und wir alberten dabei ziemlich herum.

Sehr schnell wurden wir »best friends«, ja ich kann sagen, sie wurde für eine längere Zeit ein sehr wichtiger Mensch in meinem Leben. Als ich ihr erzählte, dass ich frisch mit meiner Friseurausbildung fertig war, fragte sie mich, ob ich ihr die Haare schneiden würde, am besten jetzt sofort – spontan wie Löwen so sind.

So kam es zu meinem allerersten Haircut in Berlin. Sarah hatte schöne, lange, gewellte, dunkelblonde Haare, die sie auf eine Länge geschnitten trug. Von mir bekam sie eine tolle Stufung und ich schnitt sie ihr zwanzig Zentimeter kürzer. Trotzdem waren sie immer noch schulterlang. Im Ergebnis hatte sie nun eine deutliche Ähnlichkeit mit Romy Schneider.

Es war am späten Nachmittag, als ich ihr in meinem Zimmer die Haare geschnitten hatte. Nachdem ich Sarah gerade die Haare geföhnt habe, klopfte es an der Tür und die ältere Löwin betrat den Raum, checkte die Situation, nahm die »Witterung« auf – und entpuppte sich als Furie.

Madame hat an Sarah so ziemlich alles ausgelassen, was man als Frau an anderen Frauen auslassen kann. Sarah wurde wüst beschimpft und letztendlich sogar aus der Wohnung geworfen. Dann schrie sie auch mich an, dass ich hier nichts mehr zu suchen hätte. Sie befahl mir, sofort meine Sachen zu packen und zu verschwinden. Ich hatte ja aber nicht ahnen können, dass die Vermieterin auch tagsüber keinen Damenbesuch dulden würde. Im Nachhinein denke ich, dass sie keine andere Frau neben sich ertragen konnte. Bei den Männern durfte sie im Mittelpunkt stehen, da war sie in ihrem Element. Aber Sarah – eine Frau, eine Löwin, in ihrem Revier – das war zu viel für sie.

Diese kleine Geschichte soll beispielhaft deutlich machen, was passiert, wenn Löwinnen mit ihren Eigenschaften, den positiven wie den schwierigen, aufeinandertreffen. Auf der einen Seite die unglaublich schöne Sarah, die in jungen Jahren wie Romy Schneider aussah. Sie war als Schauspielerin so begabt, dass es eine Freude war, ihr beim Spielen zuzusehen, vollkommen hingegeben, ohne in Manierismen zu verfallen. Sie schlüpfte einfach in ihre Rolle mit spielerischem Ehrgeiz und einem wunderbaren Witz. Sarah versinnbildlicht die vielen positiven Eigenschaften der Löwen: Sie sind mutig, stolz, optimistisch, extrovertiert und würdevoll.

Sarah und ich waren eine ganze Weile befreundet: Sie ist völlig spontan weggezogen und über gemeinsame Freunde habe ich erfahren, dass sie geerbt hat. Es gab ein »von« im Namen, ein kleines Schloss und eine Finca auf Mallorca. Das wusste ich vorher alles nicht. Sie hatte nicht darüber gesprochen – als Löwin hat sie einen ganz natürlichen Umgang mit dem, was sie hat, tut oder ist.

Ich habe den Kontakt zu dieser Freundin leider verloren, aber ich weiß, dass sie nicht mehr als Schauspielerin arbeitet. Sie engagiert sich heute für mehrere Wohltätigkeitsorganisationen, war viele Jahre mit einem Mann liiert, reist nun durch die Welt, ist mal in Deutschland, mal auf Mallorca, dann in New York – als Löwin treibt es sie überall hin, wo es eine Aufgabe für sie gibt.

Löwen werden von der Sonne regiert – das Strahlen gehört also von Anfang an zu ihnen. Wie bei den Feuerzeichen Widder und Schütze auch, ist das Thema Aufmerksamkeit ein bestimmendes Element. Löwen wollen Aufmerksamkeit, sie brauchen sie wie die Luft zum Atmen. Das funktioniert bei diesem Sternzeichen aber vollkommen unbewusst. Wenn man mit einem Löwen unterwegs ist, muss man aber nicht nur traurig in seinem Schatten stehen. Diese besondere Energie, das Strahlen der Löwe-Sonne – das trägt den Begleiter mit.

Betreten Löwen einen Raum, ziehen sie in der Regel alle Blicke auf sich – und das nicht nur wegen der üppigen Mähne. Menschen mit diesem Sternzeichen kommen ihrem tierischen Vorbild sehr nahe: Sie haben tolle Haare, eine außergewöhnliche Präsenz und Ausstrahlung. Sie leuchten geradezu von innen. Von Zeit zu Zeit sind einige von ihnen auch mal ein bisschen faul – bis sie wieder »Beute machen«.

Mit Sarah bin ich natürlich auch viel im Nachtleben unterwegs gewesen. Dabei fiel mir mehr als einmal auf: Wenn wir auf einer Party waren und sie nicht die Aufmerksamkeit bekam, die sie brauchte, zum Beispiel weil schon andere Löwen oder andere schillernde Persönlichkeiten da waren, dann ging sie einfach wieder. Ein Löwe verlässt ein solches Fest dann, ohne darüber nachzudenken oder eingeschnappt zu sein. Es ist einfach nicht wichtig. Er geht woanders hin, auf die nächste Party, in den nächsten Club oder aber einfach nach Hause. Das ist für ihn kein großes Thema. Er hat sich blicken lassen und damit ist es genug. Ein Löwe muss sich nicht betrinken, um Spaß zu haben, oder die ganze Nacht durchtanzen. Das hat er sicherlich in seinen zwanziger Jahren gemacht, aber später braucht er das nicht mehr. Der Löwe ist nun mal völlig unabhängig.

Ein Löwe arbeitet häufig unglaublich viel und gestattet sich dann gerade mal zwei, drei Wochen Urlaub, höchstens. Ein Löwe, der dreißig Jahre durcharbeitet, gönnt sich maximal davon ein Jahr frei. Es gibt für den Löwen einfach keine

Trennung zwischen Arbeit und Freizeit, weil Arbeit auch eine Antriebsfeder für Wertschätzung ist.

Der Löwe ist sich selbst genug und dabei aus sich heraus glücklich. Er ist seine eigene Insel, auf der er im Mittelpunkt steht. Natürlich braucht er Menschen, will geliebt sein und sehnt sich nach Anerkennung, schon aus dem Grund, weil ihm ein harmonisches Umfeld wichtig ist. Als Freund oder Liebespartner ist der Löwe eine großartige Wahl. Wenn ihm jedoch nicht die nötige Aufmerksamkeit zuteilwird, dann zieht er einfach weiter. Ein Einzelgänger? Vielleicht – mitunter auch das. Interessant ist: Wenn ein Löwe etwas für jemanden tut, etwas schenkt, für jemanden einkauft oder sonst eine Gefälligkeit erweist, hierfür dann aber kein »Danke« bekommt, dann zieht er von dannen. Er braucht die Bestätigung, dass das, was er für den anderen getan hat, wertgeschätzt wird. Dafür reicht ihm ein einfaches Danke aus. Er wird zufrieden denken: »Ich habe etwas für dich getan und du hast es bemerkt.« Umgekehrt würde der Löwe niemals vergessen, dasselbe zu tun, denn gute Umgangsformen sind ihm mehr als wichtig.

Alle Feuerzeichen haben eine gewisse Tendenz zur Ungeduld. Aber gerade die Löwen zeigen das kaum. In dem Moment, in dem ein Löwe in der Öffentlichkeit steht, hat er sich perfekt unter Kontrolle, anders als zum Beispiel der Widder, der sich kaum bremsen kann, wenn ihn etwas stört. Von allen Feuerzeichen beherrscht sich der Löwe am besten.

Der Löwe
unter der Schere

Wenn ein Löwe den Salon betritt, ist er erst mal offen und neugierig. Aber er kann seinen Friseur auch ziemlich schnell im Griff haben. Der Löwe brüllt nicht, er ist eher zurückhaltend. Er kommt auch nicht rein und ist laut. Ein Löwe betritt einen Friseurladen und wartet an der Rezeption. Jemand kommt zu ihm, er wird zur Garderobe begleitet, es wird ihm ein Kaffee angeboten – er fühlt sich auch ohne den großen Auftritt wohl. Den hat er auch gar nicht nötig, denn er wird garantiert von den anderen im Salon wahrgenommen. Ich bin mir ziemlich sicher, dass die Leute sehr oft denken: »Schöne Haare!« oder: »Toller Haarschnitt!« Das hat einfach mit dem Löwen selbst zu tun, nicht nur mit dem Friseur.

Zum Bild des Löwen passt unbedingt das wallende, lebendige Haar, doch es steckt auch eine große Portion Perfektion darin: Er will einen Eindruck hinterlassen, mühelos scheinbar, aber dennoch auffallend, und dabei muss eben auch die Fassade stimmen.

Löwen lassen sich gern neue Frisuren vorschlagen, Optimierung ist wichtig – als Möglichkeit. Trotzdem kann es oft passieren, dass sie dann entscheiden: »Na ja, vielleicht beim nächsten Mal.« Auch wenn die Haare darunter leiden und vielleicht sogar brechen, kann das »nächste Mal« unter Umständen drei oder fünf Jahre bedeuten. Willensstärke kann eben auch Beratungsresistenz bedeuten.

Meiner Erfahrung nach ist der klügste Weg, einen Löwen davon zu überzeugen, was das Beste für ihn beziehungsweise für seine Haare oder sein Aussehen ist, ein Gespräch zu führen mit klaren Aussagen und sich auch mal über eine anfängliche Ablehnung hinwegzusetzen. Wenn lange Haare wirklich einen »richtigen Schnitt« brauchen, dann muss das ganz direkt und offen gesagt werden: »Guck mal, ich kann was ganz Tolles mit deinen Haaren machen. Ich kann es aber auch sein lassen.« Das ist eine Klarheit, mit der ein Löwe sehr gut umgehen kann.

Natürlich ist es immer schade, wenn Haare leiden. Wenn das so ist, dann ist dies gar keine Nachlässigkeit beim Löwen, sondern es ist schlicht und ergreifend so, dass andere Dinge ihn völlig vereinnahmen. Die Arbeit, das Studium, Lernen und Weiterkommen oder das Engagement für soziale Projekte – das ist sehr typisch für ihn. Insbesondere Löwinnen engagieren sich sehr früh sozial. Auch als Eltern sind Löwen ganz stark und fürsorglich: Sie sorgen sich um ihre Kätzchen und gehen dabei ihren Weg.

Die Löwe-Frau

Die Löwin geht regelmäßig zum Friseur und legt Wert darauf, dass Schnitt und Farbe perfekt sind. Besonders die Farbe spielt eine große Rolle, denn die Löwin nutzt sie gezielt, um aufzufallen. Wie man es sich vorstellt, haben Löwen tatsächlich oft eine Mähne, die sie pflegen. Auch wenn der Löwe den

Conditioner mal vier Wochen im Schrank vergisst und es beim Waschen belässt, investiert er doch zwischendurch Zeit, Mühe und in gute Produkte.

Pflege muss sein! Wenn die Löwin zeitweilig nachlässig ist, dann aus dem Grund, dass sie sehr beschäftigt ist, und dem Wissen: »Ich bin auch so schön genug«. Doch selbst wenn sie von Natur aus mit wunderbarem Haar gesegnet ist, muss sie etwas dafür tun, damit das auch so bleibt. Über das scheinbar banale Thema Haare nachzudenken, lohnt sich immer, auch für die Löwin. Denn sie liebt es, immer mal wieder »anders« auszusehen, auch wenn sie dann zu ihrer alten Frisur zurückkehrt. Ihr Leitmotiv ist dabei auf jeden Fall der Wahrnehmungsfaktor.

Es gab mehrere Löwe-Frauen, die mich in meinem Leben länger begleitet haben. Alle hatten tatsächlich längere, volle Haare. Sarah hatte auch die typischen Haare einer Löwin: Eine richtige »Mähne« mit Volumen und Struktur, in ihrer Wirkung eher das Quäntchen zu viel als zu wenig.

Das Haar der Löwin ist in der Regel lebendig, es springt regelrecht und da kommt sofort dieses Löwenhafte, das Löwige heraus. Wenn eine Löwe-Frau dünnes, feineres Haar hat, dann hilft eben ein guter Schnitt oder sie dreht sich Lockenwickler ein und stylt sich das Haar ganz lässig mal so und mal so. Ein perfekter Schnitt sorgt dafür, dass sie nicht viel machen muss – die Frisur sitzt. Aber dann ist da ja noch der Punkt, äußerlich wirken und auffallen zu wollen …

Löwe-Frauen haben häufig Locken. Sie nehmen diese dann gern auch mal zusammen, aber es hat immer etwas Verspieltes, Löwiges, sodass die Locken noch zu sehen sind. Normalerweise liegen die Haare nie eng und streng am Kopf an.

Ich kenne auch einige Löwe-Frauen mit kurzen Haaren – nicht viele, aber es gibt sie.

Wahrscheinlich haben sie für sich festgestellt, dass sie sich so am besten zur Geltung bringen. Das setzen sie ganz bewusst ein, um einmal mehr im Mittelpunkt zu stehen. Sie kommen dann auch im Sechs-Wochen-Rhythmus zum Nachschneiden zu mir, weil ihre Frisur immer gut aussehen soll. Es ist keine Seltenheit bei Löwe-Frauen, dass sie ihren Haaransatz alle zwei bis drei Wochen färben.

Prominente Löwe-Frauen

Bei vielen meiner Löwe-Freunde ist mir aufgefallen, dass sie in ihrer Jugend Drogen ausprobiert haben. Doch nahezu keiner von ihnen ist davon abhängig geworden. Meiner Meinung nach war das Motiv eine Mischung aus »ich gehöre dazu« und »aber letztendlich treffe ich für mich meine Entscheidungen«. Deshalb wundert es mich, dass Whitney Houston, ebenfalls eine Löwin, unter anderem auch durch den Konsum von Drogen eine solche traurige Entwicklung durchmachte. Das ist genauso untypisch für ihr Sternzeichen wie die starke Abhängigkeit von ihrem Mann. Dafür sah man ihr äußerlich die Löwin an: kräftiges, volles, lockiges Haar. Die vielen Frisuränderungen sind auch eher ihrer Künstlerrolle zuzuschreiben als ihrem Wesen.

Bei prominenten Löwe-Frauen spielt natürlich der jeweilige Ausdruck in der künstlerischen Phase eine ganz entscheidende Rolle. Das allein ist schon Grund für eine Veränderung. Aber es spielen auch andere Themen mit hinein. Madonna ist dafür ein gutes Beispiel. Sie sieht sich als Kunstfigur, als Kunstobjekt. Das bestimmt das Spiel mit dem Aussehen und ist ihr Motiv für die Wandelbarkeit ihres Aussehens. Doch selbst sie kann das Löwige nicht verbergen. Gern trägt sie ihr Haar auffallend blond, lang, meist wellig. Auffallend, aber lässig.

Weitere berühmte Löwe-Frauen mit den für ihr Sternzeichen typischen wallenden Haaren sind Sandra Bullock, die man vor allem mit geglätteten oder gelockten langen Haaren kennt, oder auch Jacqueline Kennedy-Onassis mit ihrer immer gleichen, aber perfekten Frisur, die ihr wunderbar stand.

Für die meisten Löwen gibt es eigentlich nur *die* eine Frisur. Warum das so ist, weiß ich nicht. Als Friseur wünsche ich mir natürlich für die Gäste Abwechslung, aber wenn sie diese Beständigkeit wollen, ist das auch gut so. Selbst Helene Fischer lässt ihr Haar wieder wachsen und kehrt damit zu ihrer eigenen Tradition zurück. Sie erinnert mich ein bisschen an Lena Valaitis, die ihr Leben lang lange Haare trug.

Für die Ausnahme-Löwin mit kurzem Haarschnitt steht Halle Berry. Ihre natürliche Schönheit kommt dadurch voll zur Geltung. Sie sieht einfach umwerfend aus und ist in meinen Augen eine der schönsten Frauen überhaupt.

Jennifer Lopez ist eine weitere typische Löwin mit »Big Hair« – dicke, kräftige, löwige Haare an einer Frau, die echte Klasse besitzt. Auch sie weiß, sich in Szene zu setzen, auch oder gerade mit ihren Rundungen. Sie steht einfach dazu.

Auch das ist ein typisches Merkmal der Löwe-Frau – ihre Genussfreudigkeit. Sie isst gern und viel, aber diszipliniert.

Der Löwe-Mann

Löwe-Männer sind in der Regel sehr attraktive Vertreter ihres Geschlechts. Man schaut sie gern an, man hört ihnen gern zu und man sitzt ihnen gern gegenüber. Mit einem Löwe-Mann trinkt man sehr gern einen Tee oder ein Bier, obwohl in dem Fall ein Brandy oder auch ein Glas Champagner passender wäre.

Ich schneide Löwen besonders gern die Haare, auch weil sie so amüsante Erzähler sind. Es macht mir einfach Spaß, ihnen zuzuhören, denn sie haben ein intellektuelles Verständnis und können das auch vermitteln. Ihre Eigenart, auch mal zu dozieren, verzeiht man ihnen gern, weil das, was sie erzählen, Substanz hat und charmant vorgetragen wird. Löwen haben eben etwas zu sagen.

Ihre Frisuren sind sehr klassisch, fast monoton: Nicht selten tragen sie ein Leben lang die gleiche Länge. Als Friseur habe ich dann die Aufgabe, immer denselben Schnitt zu liefern. Das ist einfach, aber nicht unbedingt eine Herausforderung.

Löwen tragen gern mal ein bisschen Bart. Das ist dann häufig ihrer Faulheit geschuldet. Die meisten Menschen sind davon überzeugt, dass sie sich anstrengen müssen, um weiterzukommen und etwas zu erreichen. Von einem Löwe-Mann habe ich das nie gehört. Von einer Löwe-Frau vielleicht schon, denn sie ist zielorientiert und braucht es, in Aktion zu sein. Bei einem Löwe-Mann kann man sich hingegen manchmal schon fragen, was er den ganzen Tag macht. Mit vielen guten Büchern in seiner Wohnung fühlt er sich wohl, vielleicht geht er dann zwischendurch spazieren, aber viel mehr tut er nicht. So scheint es jedenfalls.

Manche Löwe-Männer lassen ihr Haar gern wachsen. Es gefällt ihnen so und das wird dann auch kultiviert. Sie entsprechen hier wieder ganz ihrem tierischen Vorbild: Der Löwe ist präsent, liegt in der Sonne und lässt es sich gut gehen. Er wartet, bis die Beute ihm quasi direkt vor die Nase läuft und dann greift er zu. Hat er einen Bart, rasiert er sich einfach mal das Haar am Hals, um wenigstens ein bisschen was gemacht zu haben.

Der Löwe mag es, umsorgt und ordentlich betüddelt zu werden. Er genießt zum Beispiel die Kopfmassage ganz besonders – natürlich wird er gern gekrault. Wenn Zeit und Geld es erlauben, ist er sogar ein Typ für die Maniküre. Auch das genießt er – alles dreht sich um ihn, ganz typisch für den Löwen eben.

Prominente Löwe-Männer

Unter den prominenten Löwe-Männern finden wir zum Beispiel Bill Clinton. Ich empfinde ihn als sehr angenehm und höre ihm gern zu. Er vermittelt mir Seriosität und Integrität. Leider sind seine Haare langweilig gestylt. Das ist schade. Löwe-Männer können mehr aus sich machen, wollen das aber häufig nicht, sondern ziehen es vor, bei dieser einen Frisur zu bleiben.

Bei berühmten Löwe-Männern sieht man das wirklich immer wieder: Henry Ford, Arnold Schwarzenegger, Louis Armstrong, Barack Obama – wie viele Frisuren hatten diese Männer? Eine. Oder Andy Warhol, der definitiv nur eine Frisur hatte, allerdings eine mit Kultstatus. Oder schauen wir uns Dustin Hoffman an: Ein wenig Spiel in den Längen – unterm Strich aber immer dasselbe. Löwe-Männer wie Alfred Hitchcock, Fidel Castro oder Napoleon Bonaparte bilden da keine Ausnahmen. Wenn wir nochmal bei den jüngeren Männern schauen: Ben Affleck, auch er immer gleich. Manchmal kombiniert er seinen Look mit etwas Bart – da haben wir ihn wieder, den faulen Löwen.

DIE PERFEKTE FRISUR FÜR DEN LÖWEN

Big Hair mit Struktur und Volumen, nicht zu aufwendig zu stylen, aber mit Wow-Effekt. Löwinnen experimentieren gern, auch mit ausgefallenen Spangen oder Haarbändern.

Auch Löwe-Männer lieben es, ihre Haare zu zeigen und tragen sie gern auch mal etwas länger. Hier gibt es definitiv noch Hoffnung.

Der Profi-Tipp für den Friseur:

Bei einer Löwin dürft ihr die Lockenwickler rausholen, sie freut sich über alles, was das Haar voller macht. Selbst einer Dauerwelle ist sie nicht abgeneigt. Was der Löwin mehr Haar bietet, macht sie glücklich. Bei der Eitelkeit könnt ihr den Löwen packen. Dann ist auch der Löwe-Mann zu etwas mehr bereit und spielt auch schon mal mit einer Tönung oder leichten, helleren Reflexen – aber bitte immer ganz natürlich. Der Wunsch, zu strahlen, siegt dann schließlich doch über seinen Hang zur Monotonie.

JUNGFRAU

24. August bis 23. September

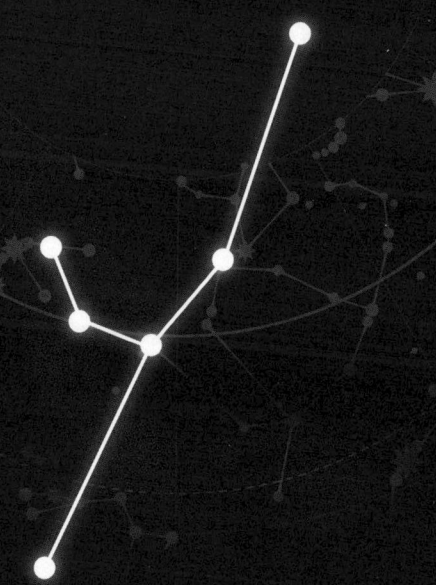

JUNGFRAU

24. August bis 23. September

»Leidenschaftliche Beständigkeit«

Die Jungfrau erklärt dir die Welt. Aber was ist, wenn du die Welt schon kennst?

Ich erinnere mich an zwei Jungfrau-Freundinnen: Susanne war Sängerin, Frontfrau einer Band, und sie machte eine Ausbildung zur Jazzmusikerin. Ich glaube, es handelte sich um eine Punkband, in der sie spielte. Susanne war wahnsinnig diszipliniert, typisch Jungfrau eben.

Melanie war schon verheiratet, mit einer Berliner Szene-größe, lebte aber in Trennung. Beide wussten sehr genau Bescheid darüber, was in Berlin Anfang der neunziger Jahre angesagt war, und hatten doch ihr eigenes Leben. Susanne war in der eher versteckten Musikszene unterwegs – viele Clubs, aber auch einige Geschichten im Untergrund. Melanie traf man in damaligen Szeneläden wie dem Dschungel oder der Bar Centrale.

Jungfrauen haben ein unglaubliches Talent dafür, über Dinge zu sprechen, die sie toll finden. Sie haben dann eine ganz eigene Art zu reden. Sie sagen nicht einfach: »Wir gehen in die Bar Centrale«, sondern es klingt aus ihrem Mund fast wie von einem Muttersprachler, sie ziehen das Centrale so charmant in die Länge, dass es absolut interessant wirkt. Einfach sehr sexy. Die Jungfrau ist ein Erdzeichen, und bei den Erdzeichen ist immer alles erst mal grundlegend wichtig, auch die Inszenierung der eigenen Sprache.

Mir fiel bei diesen beiden Jungfrauen auf, dass ihre Wohnungen eigentlich recht ordentlich wirkten. Da war auf-geräumt, es hatte auch alles irgendwie seinen Platz – es gab nur einige Deko-Objekte. Die Jungfrau mag das so. Häufig besitzt sie ein Faible für ein bisschen Alltagskitsch. Nicht übermäßig viel, aber eine Spur ist immer dabei. In einer solchen Wohnung steht dann eben schon mal etwas herum oder hängt dekorativ am Kühlschrank. Die Bewohnerin weiß ge-nau, warum es sich dort befindet – es ist das kleine Andenken aus Barcelona oder jenes Souvenir aus Florenz. Oder besser gesagt: »Das habe ich von Pablo aus Rimini«, und: »Ach ja, da habe ich diesen tollen Franzosen kennengelernt. Ich war jung, bin einmal quer durch das Land gefahren und habe unglaublich verrückte Sachen gemacht ...«

Später im Leben ist die Jungfrau recht vernünftig. Als Erdzeichen plant sie sehr genau, sie trifft Entscheidungen und weiß, worauf sie sich einlässt und was passieren wird. Aber die jüngere Jungfrau erlaubt sich einfach Ausbrüche aus diesem vermeintlich Bürgerlichen, sie mag nicht immer alles bis ins kleinste Detail zu planen. Sie überdenkt ihr Handeln vielleicht, wenn sie im Zug oder im Flugzeug sitzt – wenn sie sich entschieden hat, jetzt für diesen Menschen nach Italien zu fliegen oder zu fahren. Oder dabei noch mal kurz einen Abstecher nach Paris zu machen, weil man auf dem Weg zu Francesco noch kurz bei Philippe vorbeischauen könnte, der ja in Paris noch auf sie wartet ...

Die Jungfrau ist gleichzeitig das strukturierteste Zeichen des ganzen Tierkreises. Schlägt man ihr vor, etwas Bestimmtes zu tun, und sie ist einverstanden, hat sie in dem Moment schon einen Plan im Kopf, den sie dann auch sofort umsetzt. Sie erklärt zum Beispiel: »Da fahren wir durch den einen Ort und dann über den anderen. Dann brauchen wir einen Flieger, und da nehmen wir den Zug und ab dort dann einen Mietwagen.« Und das alles weiß sie innerhalb von zwei Minuten. Ach schneller, nicht mal. Das ist wirklich verrückt.

Wo die beiden anderen Erdzeichen Steinbock und Stier stur auf ihrer Meinung beharren, vertritt die Jungfrau lediglich ihre Haltung, von der sie absolut überzeugt ist. Wer so auf etwas besteht, bei dem spielen sich im Kopf mitunter Kämpfe ab, er oder sie kann in diesem Moment trotz der leisen Stimme im Kopf, dass es falsch ist, nicht anders. Er oder sie spürt, dass er nicht anders kann. Und selbst wenn er oder sie ahnt, dass es vielleicht eine andere Lösung gibt, reagiert eine Jungfrau im ersten Moment völlig unflexibel.

Dieses Sternzeichen steht immer erst mal hinter seiner Entscheidung, auf die es sich festgelegt hat.

Jungfrauen sind die Mitmenschen, die einen ganz sicher darauf hinweisen, wenn etwas grammatikalisch falsch ist. Sie sind einfach so genau. Deshalb können Jungfrauen auch nicht lügen.

Obwohl ihnen diese Präzision so wichtig ist, gibt es ihnen etwas, zu rauchen, zu trinken oder Drogen auszuprobieren. Oder nächtelang in Clubs durchzutanzen. Warum ist das so? Es dient ihnen dazu, das Gedankenkarussell – die vielen Dinge, die sie im Kopf haben, die Programmierungen, was wann wo war ... – einfach anzuhalten und die Verantwortung für einen Moment beiseitezulegen. Man muss nicht immer nur denken. Es ist ein Ausgleich. Wenn sie da keinen natürlichen gedanklichen Stoppmechanismus haben, dann nutzen sie diese Freiheit, und zwar so lange, bis sie eine Methode gefunden haben, diesen Gedankenstopp auf gesündere Weise einzulegen.

Der Planet der Jungfrau ist Merkur, der den wirklich messerscharfen Verstand dieses Zeichens unterstützt. In der Schulzeit gelten Jungfrauen deshalb häufig schon mal als Streber. Wie allen Erdzeichen fliegt ihnen aber das Wissen nicht einfach zu, sondern es ist hart erarbeitet. Sie sind ehrgeizig und haben immer sofort einen Plan. Das Jungfrau-Kind kommt aus der Schule und weiß: »Okay, ich habe diese eine Geschichte nicht kapiert.« Dann schlägt es im Lexikon nach oder fragt jemanden, der es erklären kann.

Jungfrauen wissen gern Bescheid. Sie haben außerdem auch schon in der Kindheit ein hervorragendes Zeitmanagement. Sie denken mehr als strukturiert. Im Erwachsenenalter erkennt man das zum Beispiel an ihrem Bücherregal:

Da sind die Biografien, dort die Reiseführer, hier wiederum die Kunstbände. Eine Jungfrau-Freundin von mir hat in ihrem Bücherregal die Autoren nach dem Alphabet geordnet, und zwar nicht auf einem Meter Regalbreite, sondern über mehrere Wände hinweg. Eine andere Jungfrau, die ich kenne, strukturiert die Bücher nach Jahreszahlen – und zwar nach dem Jahr, in dem sie die Titel gelesen hat. Sie schreibt zum Beispiel auch jedes Jahr ihre drei Lieblingsbücher und Lieblingsfilme auf. Der Jungfrau gehen Struktur und Ordnung wirklich über alles.

Sie verleiht auch sehr gern Bücher – die Jungfrau liebt es ja, ihr Wissen weiterzugeben. Sie will den Menschen die Welt erklären. Sie sagt dir, wie es läuft.

Das passiert immer in bester Absicht und ist deshalb großartig. Die Jungfrau erzählt dir von einem Buch, das sie gerade gelesen hat, und zwar so plastisch, dass bei dir der Eindruck entsteht, dass du es gar nicht mehr lesen musst – oder gar nicht anders kannst, als es sofort zu kaufen.

Für die Jungfrau sind Bücher so etwas wie ihre kleinen Schätze, ihre ganz besonderen Errungenschaften. Liebgewonnene Gegenwelten, die sie umhüllen und die sie behüten. Es können auch Filme sein, eine schöne Reise oder ein Wellness-Wochenende, ein neu entdecktes Hotel oder Restaurant: Sie erleben gern etwas, finden neue Eindrücke oder Blickwinkel auf die Welt – und das teilen sie anderen hinterher gern mit.

Gerade wegen ihrer Bodenhaftung kann die Jungfrau über die Vergangenheit reden. Das ist eine echte Qualität, die längst nicht alle Zeichen besitzen. Jungfrauen können das Gestern so bildlich wiederbeleben, dass es so wirkt, als sei es gerade passiert. Es klingt spannend, wenn sie erzählen, und gleichzeitig haben sie immer eine gewisse Distanz. Die Vergangenheit zieht flüchtig vorbei, und dann geht es auch wieder weiter. Die Jungfrau ist ja zielorientiert. Hier schaut sie nach vorn, wenn sie sich sonst auch ihren verschiedenen Gegenwelten hingibt, die manchmal eher im Gestern zu finden sind.

Die Jungfrau hat eine Zeitstruktur im Kopf. Sie weiß genau, wann was passiert und auch zu passieren hat. Wenn jedoch das Leben dazwischenkommt, wenn also etwas von der Struktur abweicht oder ihr die Dinge zu schnell gehen, dann fühlt sie sich überfordert. Wenn man viel Bodenhaftung hat, braucht man eben länger, um einen Schritt zu machen, weil sich die Füße nicht ganz so leicht vom Boden lösen. Die Jungfrau wird dann ein bisschen ungemütlich – sarkastisch bis stichelnd, allerdings nicht in böser Absicht. Der Sarkasmus einer Jungfrau hat sehr viel mit ihrem Humor zu tun. Und der ist nun mal tiefschwarz, was nicht jeder versteht.

Hierzu fällt mir eine Geschichte ein: Ich stehe mit einer Jungfrau-Freundin in der S-Bahn. Neben uns dreht sich ein kleiner dreijähriger Junge spielerisch um eine Haltestange, die vom Boden bis zur Decke reicht. Als die aus irgendeinem Grund völlig überforderte Mutter den Kleinen plötzlich aus heiterem Himmel anschreit, dass er das zu unterlassen habe, lächelt meine Jungfrau-Freundin smart in Richtung der Frau und sagt verschmitzt: »Mensch, da wäre man doch gern noch mal klein, oder?«

Wenn zwei Jungfrauen aufeinandertreffen, haben sie sich in der Regel auch immer etwas zu erzählen – sollte man meinen. Zwei Jungfrauen erzählen sich ja gegenseitig die Welt. Aber stehen sie da nicht auch manchmal in Konkurrenz zueinander?

Die Jungfrau ist nicht im Wettbewerb, sondern befindet sich immer in der Verantwortung. Als bewegliches Zeichen, das gern und viel unterwegs ist, übernimmt sie gern Aufgaben. Das kann im Job sein oder zum Beispiel auffällig oft in ihrer jeweiligen Glaubensphilosophie. Sie wollen nicht einfach nur mitmischen, sondern fühlen sich wirklich dazu berufen, ihren Mitmenschen etwas zu vermitteln. Auch hier erklären sie anderen die Welt, was ich persönlich sehr schätze. Jedoch finden wir hier eine der Schwachstellen in diesem strukturierten System der Verantwortlichkeit.

Die großen Prioritäten der Jungfrau sind Liebe und Arbeit. Dabei besteht die Gefahr, dass sie sich verzettelt, weil sie sich noch hier engagiert und dort für etwas einsetzt – einen Freund unterstützt, dem es gerade nicht gut geht, sich Hobbys verschreibt, Verpflichtungen übernimmt, sich bei Greenpeace oder Ärzte ohne Grenzen engagiert ... – die Jungfrau packt an. Loslassen, Abgeben und Delegieren sind schwierig für sie. Es gehört zu ihrer Lernaufgabe im Leben, dass sie herausfinden muss, wann es Zeit ist, aufzuhören, loszulassen und sich eben an einem bestimmten Punkt nicht mehr zu übernehmen. Die Jungfrau darf lernen, Prioritäten zu setzen. Für die weibliche Jungfrau ist dies mitunter häufiger Thema als für den Jungfrau-Mann, der es durchaus schafft, auch mal zu sagen: »Ach weißt du, ich klinke mich jetzt hier mal für drei Tage aus und lese dieses eintausendfünfhundert Seiten starke Buch in einem Rutsch durch.« Jedoch für beide gilt: Wenn sie es nicht lernen, zu delegieren und auch mal fünfe gerade sein zu lassen – und das nicht nur einmal die Woche –, kann es passieren, dass sie sich in einer chronischen Schwermut wiederfinden. Diese zwingt sie dann regelrecht zur Ruhe.

Manchmal ist es für das Umfeld der Jungfrau etwas anstrengend, dass sie immer überlegen scheint: Sie wirkt häufig, als wäre sie einen Gedanken voraus. Jedoch bedeutet das nicht, dass sie immer den richtigen Riecher hat. Leider ist sie mitunter selbst davon überzeugt, ihn zu besitzen. Dabei gehört es auch zur Lebensaufgabe der Jungfrau, sich selbst und die eigene Meinung immer wieder zu hinterfragen. Erdzeichen brauchen für Wahrheiten immer ein bisschen länger.

Wir haben also einerseits das geordnete Chaos, in dem die Jungfrau lebt. Und gleichzeitig die Struktur. Das passt durchaus zusammen, denn da können sich auf dem Schreibtisch riesige Berge auftürmen, und die Jungfrau weiß trotzdem, wo dieses eine kleine Zettelchen ist und zieht es fix von ganz unten hervor. Sie findet es garantiert! Jeder Mensch hat eben sein eigenes Ordnungssystem. Allerdings kann es einer Jungfrau auch passieren, dass sie irgendwo ihren Schlüssel vergisst und dann behauptet, sie hätte ihn gar nicht verloren. Hier kommt ein Stück weit rechthaberische Attitüde ins Spiel: Wenn man eine Jungfrau – Männer wie Frauen – auf etwas hinweist, muss man durchaus mit einer längeren Diskussion rechnen.

Was mir auch aufgefallen ist: Wenn mir vertraute Jungfrauen von ihrem Intimleben erzählt haben, dann kamen sie oft nur dann richtig ins Schwärmen, wenn es mit etwas Verbotenem zu tun hatte. Im Bett erlaubt sich die Jungfrau, aus ihrer Ordnung auszubrechen.

Ehrlichkeit ist übrigens eine weitere Stärke oder auch Schwäche der Jungfrau. Ob dir deine neue Frisur wirklich steht, wird dir eine Jungfrau geradeheraus sagen. Wenn man also die Wahrheit nicht verträgt, sollte man die Jungfrau besser nicht nach ihrer Meinung fragen. Aber es ist vielleicht deine einzige Chance, es zu kapieren ...

Die Jungfrau
unter der Schere

Jungfrauen sehen mit hochgesteckten Haaren ganz bezaubernd aus. Sie sehen umwerfend aus, wenn sie einfach nur einen Zopf oder einen Knoten tragen. Sie sehen mit langen Haaren toll aus, aber auch mit kurzen. Die Jungfrau bringt diesen zart-stechenden Blick mit und eine Stirn, hinter der es arbeitet. Deshalb ist es auch völlig egal, ob sie lange oder kurze Haare hat: Sie muss es nur für sich intellektuell erfassen.

Die Jungfrau pflegt ihre Haare intensiv. Das ist eine Selbstverständlichkeit für sie. Hat sie einmal das perfekte Shampoo und die optimale Pflege gefunden, dann wird sie ihnen in der Regel auch lange treu bleiben. Jungfrauen mögen keine Pröbchen. Sie schnuppern vielleicht mal dran, aber eigentlich ist das wirklich nichts für sie, ständig neue Produkte zu testen. Jungfrauen schöpfen gern aus dem Vollen. Sie kaufen nicht die Fünfzig-Milliliter-Parfümflasche, sondern immer große Abfüllungen: einhundert Milliliter, einhundert-fünfzig Milliliter ... und beim Kaviar darf es gern ein Kilo sein. Das entspricht durchaus ihrem bodenständigen Naturell, da die Jungfrau ja gleichzeitig sehr preisbewusst ist. Sie kauft dann in der Parfümerie, in der es gerade dreißig Prozent Rabatt gibt, oder findet etwas im Outlet oder aber sie sucht im Internet nach Schnäppchen. Es sollte in jedem Fall unter dem Originalpreis liegen.

Die Jungfrau schaut meistens hinter die Dinge, sie kennt die Basics. Eine Jungfrau weiß, welche Inhaltsstoffe der Badezusatz hat. Und auch bei den Haaren kennt sie sich so gut aus, dass man ihr wirklich nichts vormachen kann. Wenn Friseure ihr dauernd erzählen, ein Produkt mache die Haare »schwer«, weiß sie, dass das mitunter nicht immer stimmt. Nicht jedes Shampoo macht das Haar schwer. Sie kennt dann aber auch die Shampoos, bei denen es eben anders ist. Da sie den Luxus liebt und gleichzeitig sorgfältig damit umgeht, »badet« sie auch nicht in ihrem Cremetöpfchen. Sie weiß ganz genau, wie viel Creme ihr Gesicht braucht, damit es gut ausschaut. Dasselbe gilt fürs Shampoo. Es ist nicht ungewöhnlich, dass eine Jungfrau mit längeren Haaren mit ihrer Shampooflasche sechs bis neun Monate auskommt, und damit macht sie es ganz richtig: Ein gutes Shampoo kann man tatsächlich ganz gering dosieren. Wenn man das Gefühl hat, dass man viel Schaum braucht, dann empfehle ich, dass man das auf die erste Wäsche verlegt und dafür Babyshampoo benutzt und dann erst mit der zweiten Wäsche zu dem guten Produkt greift. Das sollte man dann auch wirklich einwirken lassen und vielleicht noch ein bisschen Conditioner oder eine schöne Haarkur oder einen Keratinaufbau folgen lassen. Die Jungfrau versteht das. Das ist wirklich ihr Ding. Sie kann auch jederzeit erklären, warum Parabene für die Haut nicht gut sind. Das weiß sie vor allen anderen, weil sie sich damit auseinandersetzt. Sie will selbst genau wissen, was gut ist.

Haben Jungfrauen mit sehr feinen Haaren den richtigen Friseur, der gut zu ihnen passt, werden sie sehr wahrscheinlich immer wieder mit ihren Looks spielen. Die Kreativität des Friseurs schätzen sie sehr hoch ein. Sie lieben es, immer wieder in neue Rollen zu schlüpfen und genießen es einfach. Haben sie den Friseur ihres Vertrauens noch nicht gefunden, so kann es passieren, dass sie morgens immer noch zum Toupierkamm und den Lockenwicklern greifen und sich der täglichen morgendlichen Mühe im Badezimmer einfach hin geben. Hier hole ich Jungfrauen besonders gern ab, denn es macht einfach Spaß, ihnen über viele Jahre hinweg immer wieder neue Looks zu verpassen.

Man findet eine Jungfrau eher nicht bei einem Billigfriseur und auch nicht unbedingt in einem Salon der Mittelklasse. Die Jungfrau lässt sich mitunter seltener als die anderen Sternzeichen die Haare schneiden, aber dafür sind ihre Qualitätsansprüche besonders hoch.

Es ist gänzlich unmöglich, Jungfrauen mit rötlich getönten Haaren oder überhaupt mit künstlichen Haarfarben zu finden. Ich persönlich kenne zumindest keine. Die Jungfrau bleibt so gut wie immer bei ihrer eigenen Haarfarbe oder greift zu einer möglichst natürlichen Farbgebung. Nur Schwarz bildet eine Ausnahme, darauf bleiben sie gern hängen. Jungfrauen mit blonden Strähnen gibt es en masse, genauso mit tollen Brauntönen oder auch mal einem Hauch Kupfer. Aber eben nur einem Hauch.

Es gibt auch Jungfrauen, die keine Veränderungen mögen – weil sie das so entschieden haben. Ich erinnere mich an eine Frau, die regelmäßig zu mir in den Salon kam und sehr schmale Lippen hatte. Allerdings war es bei ihr so, dass die Lippenlinien sehr schmale Lippen zeichneten, obwohl die Lippen aber deutlich größer waren. In meinem Salon bieten wir auch Make-up-Beratung an, und so haben wir ihr gezeigt, wie sie mit einem geschickt genutzten Lipliner-Strich ihr Lippenvolumen optisch fast verdoppeln kann. Sie hatte damit plötzlich einen unglaublich schönen Mund, der hervorragend zu ihrem eher großflächigen Gesicht passte. Sie hat diesen optischen Trick trotzdem abgelehnt und wollte sich partout nicht darauf einlassen, weil sie ja irgendwann mal entschieden hatte, dass sie diese Lippenlinie hat und nur da entlang Farbe aufgetragen wird. Ich weiß nicht, was man unternehmen muss, um eine Jungfrau in solch einem Moment umzustimmen und von etwas zu überzeugen, das gut für sie ist.

Erdzeichen tun sich mit Veränderungen im Leben ja eher schwer, schließlich sind sie Pragmatiker – vor allem die Männer, und vor allem, wenn sie älter sind. Bei der Jungfrau ist das ein wenig anders: Sie weiß das Spiel mit der Veränderung durchaus zu schätzen. Die Frauen stehen auf Boblängen und sie mögen es lang. Sie mögen auch kurze Haare, nur muss es etwas Bestimmtes spiegeln. Es muss zu ihrer Entscheidung passen, warum etwas so ist und nicht anders. Sie setzt es ein, um ihr Attraktivitätsbild nach außen hin zu erhöhen. So weiß sie beispielsweise ganz genau, mit welchem koketten Kopfschwung man seine Frisur perfekt präsentiert.

Die Jungfrau-Frau

Die im Sternzeichen Jungfrau geborenen Frauen sind sehr charismatische und gepflegte Wesen. Sie lieben es zum Beispiel, ihren Körper zu ölen und Düfte zu benutzen. Sie passen einfach nach Frankreich oder nach Italien – eben dort, wo Frauen seit Jahrhunderten solche Dinge tun. Alle Jungfrauen pflegen sich. Sie lieben es. Wenn man einer Jungfrau einen tollen Badezusatz schenkt, freut sie sich unheimlich und wird darin Stunden in der Wanne verbringen. Sie nimmt dann vielleicht auch noch das Telefon mit und ein Gläschen Schampus. Wenn schließlich der Liebste dazukommt, dann vergeht auch mal ein halber Tag einfach nur so.

Die Jungfrauen zelebrieren es geradezu: das Haarewaschen, das Haarstyling, Cremen, Peeling, Fußpflege … Man kann sagen, dass sie sich wirklich von Kopf bis Fuß absolut verwöhnen. Gerade die Füße sind sehr wichtig für Jungfrauen, und auch hier sind sie in der Pflege vorn.

Die Jungfrau liebt auch hochwertige Mode und exklusive Taschen. Sie ist aber kein Luxusmäuschen, sondern eher bodenständig und weiß deshalb, wo sie mitunter alles günstiger bekommt, was ich schon an anderer Stelle beschrieben habe. Jungfrauen lieben Läden, in denen einzelne Designerteile zum Schnäppchenpreis angeboten werden. Sie gehen dort hinein und finden wirklich die absoluten Edelstücke, die andere nicht entdecken. Die Jungfrau ist in solchen Dingen zielorientiert und siegessicher. Sie muss die Designertasche auch nicht direkt in der Original-Boutique kaufen, das ist ihr nicht wichtig. Die Jungfrau guckt da gern auch mal im Internet. Der Flohmarkt am Wochenende ist eher nicht so ihr Ding. Erdzeichen mögen in der Regel keine Secondhandsachen, sie sagen: »Ich habe es lieber neu.« Bei Steinbock und Stier ist das genauso, obwohl letzterer vielleicht noch ein bisschen flexibler ist. Aber die Jungfrau ist es meiner Erfahrung nach nicht.

Ihr Stil ist dabei eher klassisch-sportlich. Und da die Jungfrau eine treue Seele ist, wechselt sie das Designerlabel nicht, mit dem sie sich wohlfühlt. Am liebsten bringt sie sich jedoch tolle Sachen von ihren Reisen mit. Die Jungfrau liebt es, durch die Welt zu reisen. Sie bereitet sich immer gut vor, sie lernt die Sprache ein bisschen und kennt dann die Sehenswürdigkeiten oft schon vorher. Bücher über die Themen Wohnen, Einrichtung und Dekoration sind auch ihre große Leidenschaft. Sie mag einfach alles Schöne.

Aber: So unschuldig die Jungfrau auch wirkt, so faustdick hat sie es hinter den Ohren. Nicht, weil sie eine absolute Sexbombe wäre. Die Jungfrau hat eher den kühlen Sex-Appeal einer Hitchcock-Frau – von Tippi Hedren in *Die Vögel* oder von Kim Novak in *Vertigo*. Sie ist kühl, aber leidenschaftlich und sinnlich – wenn auch nicht so sinnlich wie ein Steinbock oder Stier. Der Stier ist das sinnlichste der Erdzeichen, gefolgt vom Steinbock. Die Jungfrau ist etwas weniger sinnlich als ihre Erdkollegen, aber sie ist es – deutlich mehr als die verbleibenden Sternzeichen.

Es ist eine intellektuelle Sinnlichkeit, die sie ausstrahlt.

Und diese Ausstrahlung kann sie auch einsetzen. Sie tut dies aber nicht, um ihre »Männervitrine« mit Trophäen zu füllen. Sie will nicht protzen, aber sie ist stolz. Sie sieht eine

Liaison nicht als Trophäe, sondern als unglaublich schöne Erinnerung.

Prominente Jungfrauen-Frauen

Erinnern wir uns an Claudia Schiffers Anfänge als Model: eine unschuldige Schönheit, die an die junge Brigitte Bardot erinnerte mit einem kleinen Hauch von Babyspeck. Und nun betrachten wir nach vielen Jahren diese tolle Frau, die sie schon immer war, die diesen intelligenten Jungfrauen-Sex-Appeal wie kaum eine zweite besitzt. Ich finde, Claudia Schiffer kann sich doch wirklich niemand entziehen!

Wenn man abgeschreckt ist oder man sich nicht die Mühe macht, hinter die intelligente Fassade zu blicken, kann man deshalb mitunter ein bisschen eingeschüchtert sein. Ihre Haare trägt Claudia Schiffer fast immer lang und sehr ähnlich – mal mit ein bisschen Pony und dann auch mal wieder ohne. Sie weiß eben, was ihr steht. Sie hat ihren Look gefunden. Man muss wirklich einiges an Intelligenz aufbieten, um Claudia Schiffer zu verstehen, und ich finde, das ist das größte Kompliment, das man einer Jungfrau machen kann.

Cameron Diaz ist definitiv nicht mit den dicksten Haaren der Welt gesegnet. Das finde ich aber irgendwie auch fair, denn ansonsten hat sie ja eine Menge guter Gene abgekriegt.

Zu ihrer Friseur lässt sich sagen, dass sie seit Jahren den gleichen Look trägt, den sie ab und zu variiert. Mal ein bisschen länger und dann wieder kürzer, wobei ich immer denke, die Haare geben wahrscheinlich auch nicht mehr her. Cameron Diaz ist ein großartiges Beispiel dafür, dass Jungfrauen nicht nur die Inhaltsstoffe ihrer Pflege kennen, sondern auch die Möglichkeiten ihrer Haare. Und manche Haare haben eben weniger Möglichkeiten als andere. Ein dickes, kräftiges Haar wird niemals den weichen, luftigen und femininen Look einer Cameron Diaz tragen können. Das, was sie daraus macht, sieht doch einfach klasse aus.

Genau wie bei Salma Hayek: Das sind doch auch wieder schöne, klassische Jungfrau-Haare. Mal ein bisschen gewellt, mal ein bisschen gelockt, mal ein bisschen glatt. Aber niemals »over the top«, immer bodenständig, niemals zu viel.

Der Jungfrau-Mann

Ich kenne wirklich relativ viele freigeistige Jungfrau-Männer – Künstler, Kreative, die häufig einen ganz eigenen Zugang zu ihrer Arbeit haben. In meinen Augen sind die männlichen Vertreter dieses Sternzeichens größere Freigeister als die Frauen. Dabei hat der Jungfrau-Mann auch seine Ordnung und Struktur und vor allem seinen Konservativismus, den er aber sehr gut zu verstecken weiß. Ich kann mich an einen Künstler erinnern, der in New York in der Bronx eine große leere Fabrik angemietet hatte und dort Bilder malte. Riesengroße, wunderschöne Bilder. Als ich ihn bei einer gemeinsamen Freundin kennengelernt habe, hätte ich nie gedacht, dass er Jungfrau ist. Er hat mir viel erzählt, und das tat er auf eine so tolle Art und Weise, dass man an seinen Lippen klebte. Er schien völlig unkonventionell zu sein. Es hat lange gedauert bis ich verstanden habe, dass er seine ganz eigenen Konventionen besitzt, die er sich selbst auferlegt hat. Er hat seine eigenen Regeln, nach denen sein Leben funktionieren soll. Das bedeutet nicht, dass er die Entscheidungen und Werte anderer Menschen abschätzig betrachtet, auch wenn sie von seinen abweichen. Ich finde, das ist eine herausragende Qualität. Diesem Künstler war Treue wahnsinnig wichtig. Er hatte Kinder mit einer wunderbaren Frau, die ihn aber betrogen hat. Als er dann von ihr wegen dieses Mannes verlassen wurde, ist er fast zerbrochen. Aber er hat in dieser Zeit auch das Leben sehr zu schätzen gelernt. Er hat seine Krise durchlebt, bis er über die Trennung hinweg war. Das hat ein paar Jahre gedauert, aber dann konnte er damit auch endgültig abschließen. Er hatte Klarheit gewonnen. Man wusste: Jetzt hat er das in seinem Kopf abgelegt. Nun ist die Schublade aufgemacht worden, in die es die ganz Zeit rein sollte. Er hat getrauert und den Platz für seine Gefühle gefunden. Er hat den Schmerz, die Enttäuschung, die Wut und die Angst abgelegt und die Schublade zugemacht. Sie ist geschlossen, aber er weiß, wo sie ist. Erst nach wirklich vielen Jahren war er wieder offen dafür, sich neu zu verlieben und neue Enttäuschungen in Kauf zu nehmen, denn nun wusste er ja auch hierüber Bescheid, und die Enttäuschungen des Lebens wurden so Teil seines inneren Ablagesystems. Auch hier Struktur.

Da diesem Mann seine Kinder ungeheuer wichtig waren, hat er sich nach der Trennung natürlich sehr um sie gekümmert. Er hat sich zum Beispiel ganz »konventionell« mit ihnen an den Küchentisch gesetzt und Hausaufgaben gemacht – mit sehr viel Engagement und Elan, denn er hatte Lust, auch diesen Bildungsauftrag anzunehmen.

Jungfrau-Männer lieben es übrigens, wenn ihre Frauen sich immer wieder verändern: Ihnen gefällt es, das Gefühl zu haben, dass sie zwar mit einer Frau verheiratet sind, aber eigentlich mit ganz vielen. Das große Potenzial der Jungfrau – Männer wie Frauen – ist es überhaupt, Dinge im Kopf entstehen zu lassen. Sie stellen sich die Dinge vor und das reicht ihnen. Wenn sie es dann noch ausleben würden, wären sie mitunter fast schon überfordert. Weil sie auch hier ein neues Ablagesystem aufmachen müssten, denn es muss ja katalogisiert werden.

Im Bett ist der Jungfrau-Mann übrigens eher zielorientiert. Über die weibliche Jungfrau hört man andere Dinge.

Liebe Jungfrau-Männer: Auch ihr seid als offene, neugierige Individuen auf die Welt gekommen. Wollt ihr dieses Potenzial nicht komplett ausschöpfen?

Prominente
Jungfrau-Männer

Keanu Reeves trägt auffällig oft längere Haare und sieht häufig auch ein bisschen ungepflegt aus. Auch wenn er seine Haare sicher täglich wäscht, so hat er bestimmt das richtige Produkt zu Hause, um sich im Out-of-Bed-Schlumpi-Look zu stylen. Bei ihm könnte ich mir vorstellen, dass er seine Haare privat lieber länger trägt, für bestimmte Rollen schneidet er sie aber auch immer mal wieder kürzer. Er sieht auf jeden Fall immer ungewöhnlich aus und ist als Mensch einfach kein Mainstream. Damit ist er ein ganz typischer Vertreter seines Zeichens. Und sieht man ihm das Intellektuell-Leidende nicht an? Und man mag es eigentlich nicht sagen, aber denkt man da nicht kurz darüber nach, dass Sex für die Jungfrau schmutzig sein muss, dass dieses Sternzeichen auf Verbotenes steht?

Kommen wir zu Richard Gere, den wir natürlich alle noch aus *Pretty Woman* kennen und der auch jetzt mit seinem natürlichen Look, zu dem er kompromisslos steht, ganz toll aussieht. Wenn man ihn googelt, hat er öfter eine kleine Grautönung im Haar oder etwas ein bisschen Helleres – aber eigentlich ist ihm das alles ziemlich egal, vermute ich. Er steht zu seinem individuellen Look. Ein Jungfrau-Mann hat mir mal gesagt, dass er sich nicht verändern muss. Wo andere sich die Brust oder unter den Achseln oder sonst wo rasieren, hat die Jungfrau das überhaupt nicht nötig. Tut sie es doch, hat sie einen triftigen Grund dafür: Sei es der Achselschweiß, der gestoppt werden soll durch weniger Haar, oder einfach nur das erotische Prickeln beim Rasieren. Und ich finde, genau das sieht man auch bei Richard Gere mit seinen immer grauer werdenden Haaren. Mittlerweile sind sie fast durchsichtig weiß. Er steht dazu und es ist ein cooler Look, der einfach Spaß macht, weil dieser Mann ein offenes, sehr eigenes Gesicht hat, das eine Menge erzählt.

Karl Lagerfeld ist der Jungfrau-Mann par excellence – eben ganz eigen. Ich finde, das Wort »Konvention« definiert sich bei diesem Mann nochmal komplett neu. Er muss unglaublich klar, eigen und diszipliniert sein, um das zu leben, was er lebt. Ich denke, dass er furchtbar vielen Menschen erklärt, wie die Welt läuft. Dabei handelt es sich um seine ganz eigene Sicht auf die Dinge, seinen ganz eigenen Blick.

Seine Haare sind weiß gepudert oder mit einem Trockenshampoo bearbeitet – oder sie waren es früher, ich weiß nicht, ob er das heute noch macht. Zwischendurch konnte man es erkennen. Vielleicht hat er auch den Fächer benutzt, um sich den Puder von der Schulter wegzufächern. Für mich ist Karl Lagerfeld der Inbegriff des Jungfrau-Mannes.

DIE PERFEKTE FRISUR FÜR JUNGFRAUEN

Lang, kurz oder auf Boblänge, geflochten, hochgesteckt, offen oder zusammengebunden: Die weiblichen Vertreter dieses Sternzeichens schlüpfen gern in neue Rollen. Sie müssen ihren Look vor allem intellektuell erfassen können. Das Motto für Jungfrau-Frauen wie auch -Männer auf den Punkt gebracht, könnte lauten: Der inszenierte, topgepflegte Wandel.

Profi-Tipp für den Friseur

Die Jungfrauen lieben es, mit verschiedenen Frisuren immer wieder neue Menschentypen zu verkörpern. Das Spiel mit der Verwandlung ist ihres, aber bitte immer typgenau. Orientiert euch an der Haarfülle, an der Struktur der Haare sowie dem Kopfbau und genießt, dass ihr, wenn ihr es vorher besprochen habt, tun dürft, was ihr wollt.

WAAGE

24. September bis 23. Oktober

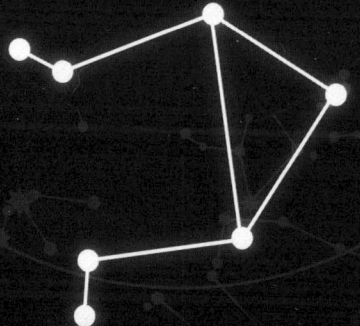

WAAGE

24. September bis 23. Oktober

»Spielerisches Drama«

Warum Drama? Betreten Waage-Menschen einen Raum, verändern sie allein durch ihre Anwesenheit die Energie. Liegt Spannung in der Luft, wird sie ausgeglichen, denn Luft ist das Element der Waage. Wer aber glaubt, dass es in ihrer Seele genauso aussieht, irrt. Denn es ist eine der Lebensaufgaben der Waage, auch in sich Balancen zu schaffen und gleichzeitig zu verstehen, dass es nicht immer gelingen kann. Eine Waage ist oftmals selbst nicht ausgeglichen – sie gleicht andere aus.

Gleichzeitig versprühen Waage-Menschen einen Charme, dem sich kaum jemand entziehen kann. Hier wirken vermeintliche Gegensätze, teils in dramatisch-theatralischer Eigeninszenierung. Waagen sind Hingucker, die den Pulsschlag höhertreiben. Fast ohne Neid kann ich sagen, dass sie lange sehr gut und jugendlich aussehen. Regiert vom Mutterplaneten Venus, der für die schönen und besonders für die leidenschaftlichen Momente zuständig ist, verteilen sie ihre Gunst bewusst und zielgenau.

Wenn man Zeit mit einer Waage verbringt, überträgt sich ihr ausgeglichenes Naturell ziemlich schnell auf einen selbst und man erlangt dann auch zügig eine innere Harmonie. Das ist mitunter so schön, dass man schneller als bei anderen etwas von sich preisgibt, auch wenn es an diesem Punkt vielleicht noch nicht für die Öffentlichkeit bestimmt war. Bei einer Waage fühlt man sich eben nach kurzer Zeit sicher, behütet und aufgehoben. Die Waage-Frau hat das Talent, sich in Dinge zu stürzen, sich regelrecht in sie hineinfallen zu lassen – in den Job, in die Liebe, in alle lebenswichtigen Themen, egal wie klein oder groß sie auch sein mögen. Denn Langeweile gilt es zu vermeiden. Allerdings: Gewiss stürzt sie sich mit einer Prise Dramatik in das jeweilige Lebensthema hinein.

Mira lernte ich im Lichthof des KaDeWe in Berlin während einer relativ langatmigen Veranstaltung kennen. Rauchend. Ihr Lachen war laut, schrill, außergewöhnlich – und sehr sexy. Ihren Typ würde ich so beschreiben: weibliche Ausstrahlung, selbstbewusst, leidenschaftlicher Habitus. Wir kamen sofort ins Gespräch und ich erfuhr, dass sie kurz zuvor mit einem Schauspieler liiert gewesen war, der sie auf ziemlich miese Art abserviert hatte. Ein wenig später verbrachten wir einen ganzen Tag gemeinsam, sonnten uns auf einer Wiese, gingen in ein, zwei Bars und kamen schließlich an jener Open-Air-Bühne vorbei, auf der er spielte und just in diesem Moment stand Miras Ex mit einer Schauspielerin auf der Bühne, die rief: »Ich bin nackt! Ich bin nackt!« Tatsächlich waren die beiden Akteure nackt. Miras Reaktion war ebenso spontan wie unvergleichlich: Sie riss den Reißverschluss ihres Overalls auf, wackelte mit ihren sehr vorzeigbaren Brüsten und schrie von der Straße für alle hör- und sichtbar: »Ich auch! Ich auch!« Dann zog sie den Reißverschluss wieder zu und wir gingen einfach weiter.

Ob der Entschluss, Berlin den Rücken zu kehren, ebenso spontan war, weiß ich nicht. Jedenfalls ist Mira aufs Land gezogen. Sie hat sich dort ihren ganz eigenen Traum erfüllt. Andere Menschen bräuchten vielleicht mehr Komfort, mehr Luxus. Sie aber hat sich eine alte, entweihte Kapelle gekauft, ausgebaut und damit etwas sehr Schönes erschaffen. Alles ist ganz schlicht gehalten: Es gibt zwar eine Heizung, aber die meiste Zeit heizt Mira mit einem Ofen. Das ganze Gebäude steckt voller Ideen, ist sehr charismatisch und insgesamt von einer offenen Ausstrahlung. Es hat einen ganz persönlichen Charme.

Mira hat sich mit ihrer Art und ihren Vorstellungen einen besonderen Wohlfühlort geschaffen, das ist typisch für Waagen. Dieses Gefühl für Stimmigkeit habe ich bis jetzt nur bei Waage-Menschen oder bei den anderen Luftzeichen entdeckt.

Waagen haben einen feinen Sinn für schöne Dinge und ein unglaubliches ästhetisches Potenzial: Sie können mit ganz einfachen Mitteln und wenig Geld etwas entstehen lassen, das in seiner kreativen Ausdrucksform neben jedem teuren Design besteht. Sie sind handwerklich ungeheuer begabt und machen fast alles selbst: Fliesen legen, nähen, mauern, Holz bearbeiten, stricken, basteln – die Liste ist wirklich lang. Dieses Sternzeichen ist durch seinen Mutter-Planeten Venus so kreativ. Mit der Venus erhält die Waage eine große Gestaltungskraft und das Gefühlsleben eine besondere Tiefe, was ungewöhnlich für ein Luftzeichen ist. Kennzeichnend für das Element Luft ist vieles, aber nicht unbedingt die Tiefe. Das Wasser ist tief. Die Erde ist bodenständig. Das Feuer ist leidenschaftlich. Aber die Luft ist leicht und flatterhaft.

Eine wunderbare Waage-Schauspielerin, die ich im Jahr 2013 kennenlernen durfte, ist Uta Griseldis Lindner. Sie arbeitet in Berlin beim Theater o.N. (ehemals Zinnober), einem Verbund von Schauspielern, Puppenspielern, Musikern, Regisseuren und Autoren, die seit dreißig Jahren Theater für Kinder und Erwachsene auf die Bühne bringen. Uta ist seit 1983 dabei und als Waage-Frau funktioniert sie nicht nur unglaublich gut in sozialen Kollektiven wie diesem, sie genießt vor allem den Luxus der kreativen Freiheit.

Wenn Uta mir aus ihrem Leben erzählt, erkenne ich ganz klar die Waage in ihr: Sie besteht auf den Dingen, die sie für richtig hält. Vor allem ihre Eltern bekamen das wohl häufiger zu spüren. Ein Beispiel: Als sie sechzehn Jahre alt war, zog ihre Familie von Loburg, dem Ort, in dem Uta aufgewachsen ist, jenseits der Elbe nach Magdeburg. Weil sie es richtig fand, auf keinen Fall die Schule zu wechseln, mieteten ihr die Eltern deshalb ein Zimmer in Zerbst, obwohl ihnen das finanziell nicht leichtfiel. Sie hat sich schon als Kind in alles dramatisch hineingeworfen, las zum Beispiel mit zwölf

Jahren bereits Shakespeare. Die Pubertät war für sie dann eine sehr schwierige Zeit, in der sie sich ganz in sich zurückzog. Trotzdem hat sie sich aber auch wohlgefühlt. So geht es vielen Waagen. Pubertät ist für dieses Sternzeichen etwas geradezu Brachiales, das es zu verarbeiten gilt.

Uta verfügt über ein fotografisches Gedächtnis, was bei Luftzeichen übrigens häufiger vorkommt. Deshalb hatte sie es in der Schule nicht sonderlich schwer. Ihr Werdegang in die Schauspielerei war anfänglich steinig, aber sie blieb hartnäckig und das wurde belohnt: Beim Theater o.N. fand sie ihren Platz. Auch hier hat sie sich mit Leidenschaft in alles hineingeworfen. Sie wurde Vorstand des Vereins und übernahm immer mehr Arbeiten und Funktionen. Die Waage nimmt es eben dankbar an, wenn andere sagen: »Mach du mal!« Uta wurde schnell zur »Mutter der Kompanie« – die Paraderolle jeder weiblichen Waage.

Die Waage bringt, wenn es um Führung geht, große Kompetenz mit. Gleichzeitig hat sie ein starkes Harmoniebedürfnis: Damit macht sie es den Menschen um sich herum sehr leicht, Verantwortlichkeiten bei ihr abzuladen. Die Waage nimmt das auch gern erst mal an. Sie beklagt sich nicht, sie jammert nicht – bis sie an den Punkt kommt, an dem sie realisiert, dass ihr eigentlich alles zu viel wird. Und dann findet sie die Kraft, daraus auszubrechen. So ging es auch Uta: Sie merkte irgendwann, dass sie das alles nicht mehr allein stemmen konnte. Beim Theater o.N. wurde eine Lösung gefunden, es startete 2010 unter neuer Leitung frisch durch. Uta ist natürlich Teil des Ensembles geblieben.

Über ihre Rolle als »Mutter der Kompanie« am Theater sagt sie heute: »Ich war nicht immer willig, ich war mitunter unwillig.« Als Waage trägt sie keine Entscheidungen mit, nur um anderen zu gefallen. Ihr war auch immer ganz wichtig, sich nicht nur für sich selbst die Möglichkeit zu bewahren, Dinge auf der Bühne auszuprobieren, sondern auch für andere. Deshalb ist sie unter anderem jedes Jahr mindestens an einem theaterpädagogischen Projekt beteiligt.

Mira studiert ebenfalls noch Theaterpädagogik – dabei ist sie inzwischen über fünfzig Jahre alt. Ihr Refugium, diese wunderbare umgebaute Kapelle, könnte man in Irland finden, in England oder aber in der Bretagne. Es steht in seiner Einsamkeit aber tatsächlich mitten in Deutschland. Auch wenn ich mir den totalen Rückzug für mich nicht vorstellen kann, bewundere ich diesen mutigen und sehr eigenen Schritt. Unter der Woche pendelt Mira in die Stadt, um zu arbeiten, in Museen zu gehen, Galerien zu besuchen oder sich ein Stück im Theater anzusehen.

Kürzlich habe ich in Miras Reich Silvester feiern dürfen. Es war großartig und zwar deshalb, weil es so ungezwungen leicht war, so wie wir uns fühlten. Wie bei guten Freunden eben: schlafen, rumsitzen und reden, kochen, essen, nichts tun, sich treiben lassen – alles war möglich. Ich konnte ihre Küche benutzen, so wie ich es wollte, ich konnte spazieren gehen, mit Mira Zeit verbringen oder auch allein sein. Es war Freiheit und Miteinander gleichermaßen.

Ich verrate Ihnen ein kleines Geheimnis: Manchmal packt mich ein sehr starkes Bedürfnis danach, gründlich sauber zu machen. So war es auch am Neujahrstag. Also habe ich mir Eimer und Lappen geschnappt und das neu eingezogene Stockwerk dieses Hauses gewienert, was das Zeug hielt. Ich war in meinem Element und habe genau das nach unserem kleinen Silvesterrausch am Vortag gebraucht. Mira entging nicht, wie viel Spaß ich damit hatte und sie ließ mich einfach machen. Mit Vertretern anderer Sternzeichen wäre das nur schwer möglich. Ich würde mich wahrscheinlich nicht mal trauen, das vorzuschlagen. Zu einem Wasserzeichen sagen: »Hast du mal einen Putzeimer für mich, ich würde jetzt hier gern ein bisschen klar Schiff machen?« Niemals! Bei einer Waage ist das hingegen völlig unproblematisch. Da darf man sein, wie man ist.

Das Wichtigste im Leben einer Waage ist die Liebe, an die sie auch glaubt. Alles andere erscheint dagegen nebensächlich. Waagen verlieben sich in Menschen, haben aber nicht den Drang, sich wirklich entscheiden zu müssen. Da sie sich ungern für ihr ganzes Leben festlegen, ist das nachvollziehbar. Jedoch gehen sie immer davon aus, dass alles fürs Leben ist.

Wenn sich eine Waage verliebt, richtet sie häufig ihr komplettes Sein auf diesen neuen Menschen in ihrem Leben aus. Sie lernt also jemanden kennen und plötzlich dreht sich alles nur noch um diese Person. Sie plant alles sehr genau. Wenn sie ihr Date trifft, weiß sie vorher, was sie erzählen wird und ihr Outfit ist bis ins kleinste Detail auf ihr Gefühl abgestimmt: Sie trägt etwas, in dem sie sich ihrer Wirkung bewusst ist. Das bezieht sich nicht auf ihr Äußeres, sondern sie will ihr Inneres perfekt präsentieren. Gleichzeitig will sie dieses Innere schützen – für Waagen ist das die Grundlage ihrer Existenz. Sie braucht immer das Gefühl, dass sie selbst für sich, aber auch für ihren Partner mit entscheidet. Sie will nicht manipulieren, sie will eingebunden sein.

Eine Waage weiß, was sie will und setzt sich für ihre Ziele ein, entscheidet sich aber schnell auch mal wieder anders.

Möglicherweise ist eine Geschichte ausgelebt, dann geht es eben weiter. Dahinter kann der Gedanke stehen: »Das habe ich jetzt ausprobiert und nun bricht ein neues Abenteuer in meinem Leben an.« Ich würde mich also nicht wundern, wenn mich Mira morgen anriefe und erzählte, dass sie ihr Haus gerade verkauft habe, zurück nach Berlin ziehe oder ins Ausland gehe. Ich glaube, dass es kaum eine Waage gibt, die ihr Leben lang an einem Wohnort lebt. Der Wandel ist ein fester Bestandteil ihres Seins. Trotzdem behaupte ich, dass die Waagen sich an irgendeinem Punkt in ihrem Leben auch entscheiden: Sie gehen dann nur noch einen Weg. Die Waagschale neigt sich in eine Richtung. Ein Mensch mit diesem Sternzeichen schaut dann nur noch wenig nach links und rechts. Privat schon, aber im Job vermutlich eher weniger.

Waagen sind sehr sparsam – nicht geizig, aber sie halten ihr Geld zusammen. Sie bereisen die Welt, brauchen aber erstaunlich wenig Geld dafür. Es muss nicht das teure Hotel sein, die Privatunterkunft tut es auch. Auf diese Weise unterwegs zu sein und dabei Land und Leute kennenzulernen, entspricht ihnen mehr. Sie reisen gern in der Gruppe oder auch allein, gerade so, wie es zum jeweiligen Lebensgefühl passt. Wie alle Luftzeichen lernen sie überall sehr schnell neue Leute kennen. Der ideale Reisepartner ist für sie sonst jemand, der ihnen keinerlei Verpflichtungen abverlangt. Mit einer Waage zu verreisen kann aber auch bedeuten: Kaum hat man das Schiff verlassen und steht mit den Beinen auf festem Boden verkündet sie: »Na dann bis in zwei Wochen – ich freu mich!« Allein gelassen von diesem wunderbaren Menschen dürfen Sie dann erst einmal die nächsten Tage neu überdenken. Was macht man plötzlich am Nordpol ganz allein?

Für mich als Stier ist das ganz furchtbar. Ich habe ja einen Plan und brauche eine Struktur. Wenn ein anderer dann spontan seine Pläne ändert, tut mir das geradezu körperlich weh. Doch die Waage braucht eben diese Freiheit. Sie kann sehr gut allein sein. In den Momenten, wo eine Waage auf sich gestellt ist, ist sie zu absoluter Ruhe fähig – zu einer sehr tiefen Ausgeglichenheit.

Eine ganz wunderbare Qualität aller Luftzeichen ist ihre enorme Authentizität und Großzügigkeit. Sie sind wirklich so, wie sie sind und lassen anderen den Raum, den sie brauchen. Trotzdem kann es sein, dass sie diesen auch manchmal verändern wollen, denn ein Wesenszug ist die Gestaltung und ein bisschen auch die Macht. Macht ist ein ganz wichtiges Thema für dieses Zeichen. Es will Einfluss nehmen auf seine Mitmenschen und dies auf ganz subtile Weise.

Wenn ich mit einer Waage ins Kino gehe und sie hat sich in den Kopf gesetzt, dass sie nur diesen einen Film sehen will, während ich als Stier aber den anderen schauen möchte, dann kann ich nachgeben und die Waage ist glücklich. Setze ich mich aber durch oder wir gehen in getrennte Säle, werden wir wohl in Zukunft auf Kinobesuche verzichten. Das sind Dinge, die von der Waage entschieden werden – das muss man wissen, wenn man mit ihr Zeit verbringen will. Man spürt mit einer Waage sehr klar, wer den Ton angibt. Mit dieser Energie muss man umgehen können.

Dazu passt auch eine andere kleine Episode mit einer Bekannten, die ebenfalls Waage ist: Ich war von einem kleineren Laden nach nur drei Jahren in meine jetzigen, viel größeren Räume umgezogen. Das war sowohl eine emotionale wie auch unternehmerische Entscheidung. Fakt ist aber, ich hatte mich verändert und weiterentwickelt, ich brauchte einen anderen Raum. Aber die Waage-Bekannte hörte nicht auf, daran herumzunörgeln und sagte mir immer wieder, wie schön der alte Salon gewesen sei und dass ich doch wirklich nicht hätte umziehen müssen. Immer wieder kamen diese Bemerkungen und es ging mir ganz ehrlich auch auf die Nerven. Ihr wäre es wirklich am liebsten gewesen, wenn ich gesagt hätte: »Stimmt, du hast völlig recht. Vorher war es eigentlich besser, ich gehe zurück und dann bin ich da glücklich.« So war es nun aber mal nicht. Die Waage braucht das Gefühl, dass sie die Fäden gezogen hat. Sie will die Macht spüren. Ein Stück weit ist sie dabei sicher auch eifersüchtig.

Dazu passen auch ihre Willensstärke und Entschlossenheit. Eine Waage, die sagt, dass sie sich vegetarisch ernähren möchte, trifft diese Entscheidung und bleibt ein Leben lang dabei. Ich kenne Waagen, die seit über zwanzig Jahren Vegetarier sind. Ich glaube, den veganen Weg würden sie eher nicht so schnell gehen. Das ist ihnen zu lustfeindlich. Vegetarismus ist aber ihr Ding, nicht nur aus ideologischen Gründen.

In einer Freundschaft oder in einer Liebe sind die Waagen hundertprozentig für den anderen da, sie sind ihren Mitmenschen gegenüber absolut loyal. Es gibt vielleicht nur eine kleine Einschränkung: Wenn eine Waage anderer Meinung ist oder einen anderen Weg beschreitet, dann kann das mitunter auch mal kompliziert werden. Es gibt aber kaum ein Sternzeichen, dem ich so schnell vertraue und eben auch Privates erzähle. Ich als Stier habe mit der Venus den gleichen Mutter-Planeten. Deshalb ist das ein Geben und Nehmen, die Waage vertraut auch mir sofort. Gefördert wird das noch durch die ihr eigene Wachheit und Präsenz. Wenn eine Waage bei mir im Salon sitzt und vom Gast auf dem Nachbarplatz angesprochen wird, dann ist sie absolut aufmerksam und gibt Antwort. Sie ist stets darauf bedacht, dass dieses Gespräch einen guten Weg geht und der andere sich wahrgenommen fühlt. Das finde ich ganz wunderbar.

Die Waage unter der Schere

Viele Waage-Frauen glauben, dass sie Fülle am Oberkopf brauchen. Vor allem, wenn sie ihre Jugend in den achtziger Jahren erlebt haben. Damals war das sehr trendy, heute ist es eher nicht mehr en vogue. Da aber eine Waage sehr treu ist, benutzt sie den Lippenstift in ihrer Lieblingsfarbe gern zwanzig Jahre oder sie trägt eben Fülle am Oberkopf. Warum Bewährtes infrage stellen?

Weil sie eher pragmatisch ist, will eine Waage nicht viel Aufwand mit ihren Haaren haben. Das ist wieder typisch Luftzeichen: Da muss am liebsten alles ganz schnell gehen. Die Waage-Frau mit langen Haaren zum Beispiel schüttelt ihr Haar über Kopf nach unten, hält den Föhn rein und pustet es trocken. Danach sieht das einfach gut aus. Wahrscheinlich liegt der Grund in der Sparsamkeit, die auch die eigene Zeit betrifft: eben mal ein Stylingprodukt in die Haare geben und das muss funktionieren.

Es könnte der Eindruck entstehen, ihr Aussehen sei ihr nur bedingt wichtig. Doch eine Waage begreift ihre Haare intellektuell und genauso geht sie an das Thema heran. Hat sie zum Beispiel Locken, dann versteht sie diese Locken ganz genau. Sie geht dieser Struktur nach, weiß, was sie tun muss, damit sie richtig fallen. Und wenn eine Waage sich die Haare hochsteckt, dann ist das auch komplett durchdacht, gleichzeitig wirkt es jedoch völlig mühelos und nie angestrengt oder verkrampft. Wirklich beneidenswert. Wenn sie das Haar zusammennimmt, dann weiß sie vorher, wo eine Nadel reinkommt oder eine Spange. Deshalb sieht das hinterher auch einfach perfekt aus – perfekt und gleichzeitig lässig. Ganz typisch für die Waagen ist auch, dass sie morgens die Haare zusammennehmen. So tragen sie sie den ganzen Tag. Dann machen sie sie abends auf und schütteln einmal, lassen sie vielleicht für zehn Minuten offen oder für eine Stunde. Anschließend werden sie mit nur einem Handgriff wieder zusammengenommen – trotzdem sieht es gut aus. Bei der Waage muss immer die Balance zwischen Intellekt und Bauch stimmen.

Mira hat fast immer lange Locken gehabt, aber zweimal in ihrem Leben hat sie sie abgeschnitten – sehr radikal, um sie kurz darauf wieder wachsen zu lassen. Sie brauchte diese Veränderung in dem Moment einfach. Grundsätzlich tragen Waagen ihr Haar häufig lang und sehr klassisch. Es ist ein sehr aparter Look. Als Friseur greife ich da auch nicht zu stark ein, weil ich weiß, dass man nicht viel verändern muss.

Die Waage-Frau

Ich kenne keine Waage-Frau mit Kindern und einem Job, die nicht gleichzeitig noch tausend andere Dinge im Kopf hat – soziale Engagements, Projekte, Visionen, Ideen. Dieses Sternzeichen hat unheimlich viel Kraft. Die Waage-Frau liebt das Nachtleben genauso sehr wie die Kreativität, das Arbeiten, die Liebe und die Freundschaften und das alles zu gleichen Teilen. Das ist absolut faszinierend. Genauso liebt sie die Natur und die Stadt gleichermaßen. Eigentlich ist sie immer hin- und hergerissen und weiß überhaupt nicht: Was kommt jetzt?

Anders als beim Zwilling, der ja schon durch seine beiden Pole immer ein bisschen hin und her pendelt, schöpft die Waage ihre Kraft durch die Vielfalt. Hier und nur hier kann sie sich wahrhaft entfalten.

Egal um welches Thema oder welchen Lebensbereich es geht: Waagen sind immer mit vollem Herzen dabei – Beruf, Liebe, Freundschaft. Bei so viel Leidenschaft schwingt immer auch ein bisschen Dramatik mit.

In der Konsequenz heißt das aber auch, wenn der Weg hier nicht weitergeht oder das Herz erkennt, dass es nicht mehr bei der Sache ist, überraschen sie ihre Mitmenschen auch gern mal mit einem sehr entschlossenen Wandel im Leben. Sie gehen zum Beispiel häufig beruflich nochmal völlig neue Wege, auch wenn sie schon fest etabliert waren. Besonders die Frauen. Dass eine Waage-Frau mit fünfundvierzig, fünfzig oder fünfundfünfzig Jahren noch einmal zu studieren anfängt, und sagt: »Ich mache jetzt was ganz anderes«, muss niemanden verwundern. Sie ziehen das dann auch durch. Ich finde das sehr erstaunlich und bewundere diesen Mut. Gleichzeitig denke ich manchmal, dass vielleicht Chancen vertan oder übersehen werden, wenn man bestimmte Themen ausklammert, insbesondere dann, wenn Hindernisse auftauchen. Aber auch hier gibt es überraschende Ausnahmen – großartige Waage-Menschen, die sich voll und ganz einlassen auf ihr Leben mit allem, was ist.

Wenn sich die Waage-Frau die Zeit nimmt, um sich für eine Verabredung zurechtzumachen, setzt sie sich gezielt in Szene. Für ein Luftzeichen hat die Waage viel Sinnlichkeit.

Ein Friseurbesuch ist für eine Waage-Frau eher ein Mittel zum Zweck – anders als für die Männer. Die Frauen können nicht besonders gut entspannen, wenn sie zwei Stunden im Salon sitzen, selbst wenn sie schöne Anwendungen bekommen.

Eine Waage will beraten werden, aber sie kann in dem Moment entweder schlecht vertrauen oder sich eben noch nicht gleich dafür oder dagegen entscheiden. Sie braucht aber immer das Gefühl, mitbestimmen zu können. Erklärt man ihr ganz ausführlich, was man gern arbeiten würde und warum, sagt sie am Ende dennoch: »Ja, das klingt toll. Das kann ich mir vorstellen. Aber heute machen wir das noch nicht, heute gehen wir nur an die Spitzen!« Sie mögen es einfach nicht, in den Spiegel zu schauen und dann eine Veränderung zu sehen. Das ist ihnen zu viel. Es gibt nur manchmal Situationen in ihrem Leben, in denen sie für Veränderungen bereit sind, und wenn ich die als Friseur erkenne und abpasse, dann gibt es da auch mal etwas »Neues auf dem Kopf«. Für mich ist das natürlich die reinste Freude, weil ich weiß, dass sie dann mit dem Ergebnis sehr glücklich sind.

Prominente
Waage-Frauen

Kate Winslet ist eine klassische Waage-Frau mit schönen, gepflegten langen Haaren. Mit unaufwendigem und auch unaufgeregtem Styling sehen ihre Haare einfach gut aus. Waage-Frauen haben häufig zwei, drei Kilo zu viel auf den Hüften. Das verleiht ihnen zusätzlich eine gewisse Sinnlichkeit, die ihnen gut steht und die sie vielleicht sogar bewusst kalkulieren.

Catherine Zeta-Jones sieht toll aus. Egal ob mit ihren fast immer langen Haaren oder aber auch in dem Film *Chicago,* in dem sie eine von diesen Frisuren trägt, die an eine Perücke erinnern. Ihre Haare sind herrlich lang und werden es vermutlich – so es ihre Rollen nicht anders verlangen – wohl auch ein Leben lang bleiben. Interessant finde ich die Tatsache, dass sie am gleichen Tag Geburtstag hat wie ihr Ehemann Michael Douglas. Das ist wirklich spannend. Man könnte sich die Frage stellen, wer von beiden wen dominiert. Machtvolle Partnerschaften finden ja nun auch im Inneren statt, nach außen hin scheint hier alles zu funktionieren. Wie kam es also zu den Zusammenbrüchen, die Catherine Zeta-Jones so lange begleiteten? Vielleicht zu viel Dominanz vonseiten des Ehemanns? Wir werden es wohl nie erfahren. Jedoch wer weiß? Waage halt.

Der Waage-Mann

Waage-Männer brauchen vor allem einen praktischen Haarschnitt, mit dem sie nur minimalen Aufwand haben. Und sie mögen es häufig, wenn ihre Haare etwas strubblig sind, ganz bewusst nachlässig gestylt – »out of bed« eben. Das gibt ihnen einen sehr sympathischen, etwas entrückten und sehr liebenswerten Look. Es macht einfach Spaß, ihnen in die Haare zu fassen.

Apropos Spaß: Mit einem Waage-Mann kann man sehr viel Spaß haben, das wissen vor allem die Frauen. Nur das Thema Treue und Spaß, das geht eben nicht immer ganz zusammen. Wenn sich der Waage-Mann verliebt, lässt er sich komplett hineinfallen, denn wenn eine Waage liebt, dann nur diese eine Person. Aber wenn sie dann wieder jemand anderen lieben, dann ist es nun dieser andere Mensch. Wie sagte John Malkovich in dem Film *Gefährliche Liebschaften*: »Dagegen bin ich völlig machtlos.« Und Hand aufs Herz: Sieht man Männer nicht auch mal gern machtlos?

Den Friseurbesuch können Waage-Männer als bewusste Auszeit für sich richtiggehend genießen. Für sie ist das im wahrsten Sinne des Wortes eine Kopfentscheidung: Sie geben dort Verantwortung ab. Da wird am Anfang besprochen, was gemacht werden soll und dann lassen sie sich fallen und genießen einfach nur noch. Für sie ist es der pure Genuss, echter Luxus. Lieber regelmäßig eine gute Frisur als den Porsche vor der Tür.

Prominente
Waage-Männer

Hugh Jackman ist im Sternzeichen Waage geboren und das beste Beispiel dafür, dass diese Herren ihr Haar praktisch und sexy tragen. Bei ihnen funktionieren die klassischen Frisuren, die sie nach hinten gelen, genauso gut wie alles, was ein bisschen strubbelig und verspielt ist. Waage-Männer sehen auch mit längeren Haaren umwerfend aus.

Zac Efron, der neue Frauenschwarm, smart, sexy und frisch, mit dem gewinnenden Lächeln einer Waage, ist auch ganz bewusst nachlässig gestylt mit dem gewissen »out of bed«-Look.

Matt Damon ist natürlich auch ein ganz toller Mann und bei ihm sehen wir dasselbe. Im Grunde trägt er nur zwei Looks: Klassisch oder ein wenig nachlässig. Seine Haare sind ebenfalls kurz, zerzaust und »out of bed« – oder etwas länger und mit Gel nach hinten frisiert. Auf den bekannten Fotos sieht er immer ein bisschen jungenhaft aus, fast harmlos. Als begnadeter Schauspieler, der jede Rolle verkörpern kann, passen auch alle Looks – Kleidung, Style, Frisur – zu ihm.

Das Jungenhafte erklärt sich durchaus auch aus dem Sternzeichen: Waagen haben einen besonderen Charme und Witz. Da gibt es so ein ganz bestimmtes Lächeln, das auch Fische haben, fast ein Grinsen, das andeutet: »Da geht noch was ...«

DIE PERFEKTE FRISUR FÜR DIE WAAGE

Möglichst praktisch: Ein perfekter, klassischer Schnitt, der zu Hause kaum noch Arbeit macht. Die Waage-Frauen achten gern auf klassische Proportionen, Symmetrien und klare Linien. Da kommt ihr Streben nach Stimmigkeit und Harmonie zum Vorschein, was so typisch für ihr Sternzeichen ist. Bei den Waage-Männern darf das Haar durchaus lässiger gestylt sein.

Profi-Tipp für den Friseur

Mit Waage-Menschen fühlt ihr euch von Anfang an wohl. Sie sind grundsätzlich offen für alles und wenn ihr hier aufmerksam seid, fühlt sich die Waage wohl und kommt immer wieder gern zurück in euren Salon. Bei den Waage-Frauen gilt es, sie aus der Zeit wegzulocken, in der sie jung waren. Denn nur wer mit der Zeit geht, sieht auch später richtig jung aus. Bei Männern darf es auch gern der Schlumpi-Look sein, der um die Ecke kommt: Ein bisschen »out of bed« macht einfach sexy.

SKORPION

24. Oktober bis 22. November

SKORPION

24. Oktober bis 22. November

»Immer absolut«

Larissa war regelmäßig Gast in meinem Salon. Ihre Biografie lässt sich kurz so skizzieren: Als junge Frau aus einem sogenannten guten Hause machte sie Abitur, studierte und wurde schließlich Architektin. Nach ein paar Jahren merkte sie, dass das nicht ihr Weg war. Larissa beschloss zum ersten Mal, den Beruf zu wechseln und sich selbstständig zu machen. Sie eröffnete eine Boutique und für eine Weile lief das auch ganz gut, doch durch den unvorteilhaften Standort war es auf Dauer schwierig und rentierte sich nicht in der erhofften Weise. Also überlegte sie, was sie mit Mitte Vierzig tun konnte.

Mit dem ihr eigenen Mut bewarb sie sich bei einem ihrer größten Konkurrenten als Verkäuferin. Der Konkurrent nahm ihre Bewerbung als Angestellte aber nicht ernst und bot ihr stattdessen an einem neuen Standort eine Partnerschaft an. Er hat ihr Potenzial erkannt – den Scharfsinn, die Geschäftstüchtigkeit und die absolute Loyalität der Skorpion-Frau. Sie ergriff diese Chance und startete mit ihm noch einmal neu.

Nach fünf weiteren Jahren spürte sie, dass diese Phase ausgelebt war und orientierte sich um. Sie begann eine Ausbildung zur Hebamme. Dieser Weg führte sie sogar noch weiter und letztendlich wurde sie eine Heilerin. Tatsächlich hat sie nun ihre eigene Praxis – nicht in Deutschland, sondern in Schottland. Inzwischen ist sie dort mit einem Arzt verheiratet, arbeitet auch in ihrem Beruf als Hebamme und genießt ihr Leben mit dem Gefühl, den richtigen Platz in der Welt gefunden zu haben und vor allem, angekommen zu sein.

Manchmal braucht es Schleifen und Umwege, bis sich der eigene Weg zeigt. Bei Larissa waren diese spirituellen und sozialen Energien – das »Helfende« – ihre Bestimmung. Skorpione setzen sich intensiv mit Leben und Tod auseinander, daher finden sie auch in Tätigkeiten mit diesen Themen ihre Bestimmung, wie im Fall von Larissa, die als Geburtshelferin und Heilerin Kindern wie erwachsenen Menschen auf ihrem Weg ins Leben hilft.

Mittlerweile ist sie so um die sechzig Jahre alt und man sieht ihr trotz ihrer zarten Erscheinung die Kraft an, die in ihr steckt. Wenn ich an sie denke, fällt mir sofort Twiggy ein. Larissa trägt auch heute ihre Haare ähnlich wie diese Stilikone. Bevor sie nach Schottland ging, kam sie vorher noch einmal zu mir in den Salon und ich habe ihr einen sehr grafischen Schnitt gearbeitet. Diese Frisur passt sehr gut zu ihrer schlanken Gestalt und ihrem schönen Hals.

Bei den Wasserzeichen finden wir die wirklich tiefen Gefühle. Insbesondere der Skorpion ist und lebt mehr als leidenschaftlich: Er gibt sich mit voller Kraft und ohne Kompromisse in seine Lebensthemen hinein. Von allen Sternzeichen scheint der Skorpion am stärksten dazu fähig zu sein, wahrhaftig zu lieben, mit Leib und Seele. Wenn der Skorpion sich auf einen anderen Menschen einlässt – und ich meine, wirklich einlässt – dann ist er oder sie wahrscheinlich der beste Partner, den man haben kann. Ein Skorpion macht eben keine halben Sachen, Kompromisse sind nichts für ihn. Er lässt sich leidenschaftlich und lustvoll reinfallen – in den Beruf, die Liebe, in das Leben mit einem anderen Menschen, in einfach alles.

Häufig wird der Skorpion aber auch missverstanden. Viele Menschen assoziieren sofort den Stachel und glauben, sich vor diesem Sternzeichen in Acht nehmen zu müssen. Ich habe festgestellt, dass Skorpione für andere Sternzeichen mitunter am schwierigsten zu verstehen sind. Das Verstehen gelingt am ehesten vielleicht noch über die rationale Ebene. Schwierig wird es, wenn man ihn gefühls- oder instinktmäßig verstehen will. Für andere sind die Räume seiner Seele eher geheimnisvoll. Das kann damit zusammenhängen, dass Skorpione introvertiert wirken und sich zurückhaltend zeigen. Doch das ist nur Tarnung, denn sie können sehr wohl – für jedermann sichtbar – ihrer Innenwelt Ausdruck verleihen.

Wenn sie sich hintergangen fühlen, können sie regelrecht ausrasten und den Skorpion-Stachel bedrohlich schwingen. Wirklich spitz zeigt er sich zum Beispiel, wenn der Skorpion betrogen wird. Wenn eine Skorpion-Frau merkt, dass ihr geliebter Mann sie mit einer Frau betrügt, womöglich mit einer Freundin, wird sie beiden Menschen niemals vergeben können. Auch der Skorpion-Mann kennt da kein Verzeihen. Möglicherweise sind sie sogar fähig, in irgendeiner Weise Rache zu nehmen. Hier steht der Instinkt weit über dem Intellekt und wird ohne großes Hinterfragen ausgelebt. Die Skorpione tun hier genau das, was viele gern in einer solchen Situation tun würden.

Die Skorpione sind emotionale Menschen mit einem messerscharfen Verstand und mit einem unglaublichen Durchhaltevermögen. Wenn sie sich für eine Arbeit oder ein Projekt entschieden haben, dann erledigen sie das – ganz egal ob es eine Stunde oder zehn Jahre dauert. Wenn sich ihnen Schwierigkeiten in den Weg stellen, nehmen sie das als Herausforderung und gehen sie mit enormer Energie, Mut und einem starken Willen an. Dabei scheren sie sich wenig um die Meinung der anderen, sie folgen ihren eigenen Regeln und ihrem Instinkt.

Um seine Kräfte aufzutanken und seine Neugierde zu stillen, geht der Skorpion gern auf Reisen, sucht dort sowohl nach neuen als auch nach alten Dingen. Er sammelt Eindrücke jeglicher Art. Wieder zurück im heimischen Umfeld versucht er wahrscheinlich, die ein oder andere Idee, die ihm im Urlaub gekommen ist, umzusetzen. Manchmal scheitert das allerdings am Alltag, der mangelnden Zeit oder woran auch immer.

Das wohl größte Geschenk, das man einem Skorpion deshalb machen kann, ist sein eigener Hobbykeller. Das klingt vielleicht komisch, aber schenkt einem Skorpion einen Hobbykeller oder aber einen Ort, an dem er machen kann, worauf er wirklich Lust hat, und er wird euch dafür lieben!

Dort kann er mit Filz arbeiten, Fotos entwickeln, Filme schneiden – die Themen sind unbegrenzt.

Der Skorpion besitzt ein unglaublich reiches Innenleben, seien es Gefühle oder Gedanken, die in schöpferischen Handlungen umgesetzt werden wollen. Er ist so kreativ, dass er sich in der bildenden Kunst genauso wiederfindet wie in der darstellenden. Und es ist nicht nur ein Hobbykeller, weil der Skorpion versucht, alles, was er tut, auch beruflich auszuschöpfen. So dreht er demnächst vielleicht seinen ersten Dokumentarfilm, macht eine Ausstellung mit seinen Fotografien oder verkauft die gefilzten Dekorationsobjekte im Internet.

Mir sind in meinem Leben – sowohl beruflich als auch privat – immer wieder Skorpion-Menschen begegnet, die nach dem Prinzip »entweder ... oder« handeln und dann diese Entscheidung auch leben: Schwarz oder Weiß, keine Graustufen. Rotwein oder Weißwein, kein Rosé. Partnerschaft mit Kindern, der Familienweg oder bewusst allein sein. Selbst wenn das Singleleben aus einer unschönen Verletzung heraus beschlossen wird: Diese Entscheidung wird bewusst getroffen.

Skorpione sind schonungslos ehrlich. Sie sagen so gut wie immer, was sie denken – Frauen wie Männer –, auch wenn es vielleicht gerade nicht passt. Diese Direktheit ist verblüffend, manchmal befreiend, manchmal treten sie dabei aber auch in Fettnäpfchen, weil sie ihr Ego über die Diplomatie stellen. Es ist ihnen einfach zu mühsam, um die Sache herumzureden oder kleine Notlügen zu erfinden, vor allem, weil sie sich diese dann merken müssten, falls das Thema noch einmal auf den Tisch kommt. Ein bisschen ehrlich sein und ein bisschen die Meinung sagen – das gibt es nicht. Entweder man sagt es richtig oder gar nicht. Auch hier kommt für viele wieder der obligatorische Skorpion-Stachel ins Spiel. Aber mal ehrlich: Mit einem Stachel hat das doch hier wirklich nichts zu tun, oder?

Diese Grundehrlichkeit ist aber genau das, was den Skorpion so authentisch macht. Und es gehört Mut dazu, die Wahrheit zu sagen. Gegenüber anderen, den Freunden, den Partnern, den Kollegen sind sie absolut loyal und sehr solidarisch. In ihrer Authentizität sind sie vor allem solidarisch mit sich selbst. Sie müssen sich nicht verbiegen, weil sie ihren eigenen Weg gehen – energisch, frei und entschlossen. Wahrscheinlich sind es gerade diese Eigenschaften, die sie für andere so anziehend machen, aber vielleicht auch vorsichtig sein lässt.

Dabei muss der Weg nicht unbedingt geradlinig sein. Sicher gibt es auch die Skorpione, die sich für einen Beruf entscheiden und ihn in unterschiedlicher Ausprägung mehr oder weniger bis zur Rente ausüben. Es kann aber auch anders aussehen und zwar so, dass sie sich zwischendurch nochmal umorientieren und neu anfangen. Wenn sie sich dafür entscheiden, dann haben sie verstanden, dass der bisherige Weg zu Ende begangen ist und abgeschlossen oder nicht der richtige war. So kann es sein, dass er trotz einer abgeschlossenen Ausbildung als Quereinsteiger etwas ganz anderes macht. Er probiert das dann aus und kann sehr schnell einschätzen, ob das etwas für ihn ist oder nicht. Es kann also gut sein, dass ein Skorpion sich plötzlich dazu entscheidet, etwas ganz anderes zu machen. Vielleicht hat er seine Leidenschaft fürs Kochen und Backen entdeckt und entschließt sich dann, das auch beruflich zu leben. Ich kenne eine Skorpion-Frau, die in ihrer Küche Macarons backt. Ihr gesamter Freundeskreis ist davon so begeistert, dass sie überlegt, daraus ein Geschäft zu machen.

Der Skorpion-Mann und die Skorpion-Frau sind völlig offen, wenn sie etwas wollen. Wenn sie einem Menschen begegnen, der sie interessiert und sie ihn kennenlernen wollen, ist der Skorpion in diesem Moment der charmanteste, galanteste, witzigste, fantasievollste Mensch auf diesem Planeten. Sonst eher unauffällig, läuft er zur Höchstform auf und flirtet, wie man es kaum für möglich gehalten hätte.

Der Skorpion unter der Schere

Der Skorpion, egal ob Mann oder Frau, hat einen Plan, er verfolgt geradlinig seine Ziele. Das gilt dann auch im übertragenen Sinne für seine Haare: Deshalb ist das Thema Grafik hier so wichtig. Für den Skorpion müssen bei seiner Frisur die Linien ganz klar erkennbar sein.

Es gibt eine Technik, bei der man am ganzen Kopf in Dreiecken arbeitet, die sehr gut zum Skorpion passt. Die Dreiecke gehen ineinander über. Ich habe diese Technik, die wahrscheinlich auf Vidal Sassoons »Twist« zurückgeht, in den frühen neunziger Jahren in London kennengelernt. Sie wurde damals »Ocean« genannt, weil die Dreiecke wie Wellen ineinanderfallen. Es funktioniert wunderbar bei kürzeren Haaren, besonders dann, wenn man die Dreiecke mit mehreren Farben versieht, zum Beispiel mit mehreren Blondtönen.

Mit diesem Schnitt verbinde ich auch eine ganz besondere Geschichte. In meiner Zeit in London hatte ich an einem Workshop teilgenommen, bei dem es um den Erhalt der Kreativität ging. Am letzten Tag wurde mir eine Skorpion-Frau als Model zugeteilt. Sie hatte sehr lange, wirklich wunderschöne Haare, fast bis zum Po. Bei diesem Workshop war es so, dass die Models vorher unterschrieben, dass die Friseure bei ihnen alles arbeiten durften – egal was. Der Spiegel wurde abgehängt und bevor es nicht fertig war, durften sie das Ergebnis nicht sehen. Es konnte passieren, dass sie mit drei Millimeter kurzen Haaren nach Hause gingen, in die wunderschöne Ornamente hineinrasiert wurden.

Wir bekamen an diesem Tag die Aufgabe, einzig und allein mit dem ersten Satz zu arbeiten, den unsere Models uns gegenüber aussprachen. Mein Model sagte: »Ich habe mein Leben lang diese langen Haare.« Sie hatte wirklich wunderschöne Haare, die mir sehr gefielen. Aber ich dachte, hier sitzt eine Skorpion-Frau vor mir, die diesen Satz ausgesprochen hat – da kann ich handeln. Also habe ich ihr diesen besonderen Kurzhaarschnitt gemacht: Ich habe ihr hüftlanges Haar superkurz geschnitten – »Ocean«. Als ich fertig war, wurde der Spiegel enthüllt. Sie sah sich zum ersten Mal mit dieser völlig anderen Frisur, starrte ihr Spiegelbild an und bekam von einem Moment zum nächsten einen heftigen Heulkrampf, der ihren ganzen Körper schüttelte. Sie hat sogar geschrien. Es war furchtbar. Ich war komplett hilflos und wusste nicht, was ich machen sollte. Mit Anfang Zwanzig wusste ich einfach nicht, wie ich mit der Situation umgehen sollte.

Mein Kursleiter nahm mich dann zur Seite und sagte: »Komm, trink erst mal irgendetwas Alkoholisches und dann sehen wir weiter.«

Ich habe einen Gin Tonic bekommen und eine Viertelstunde später sah die Situation ganz anders aus: Diese Frau saß ruhig da und blickte weiterhin in den Spiegel – sie hatte aber nun einen ganz offenen, ehrlichen Ausdruck. Sie kommentierte ihr Aussehen nun mit: »Das ist unglaublich ...« Ich muss dazu sagen, dass sie mit den langen Haaren zwar eine sehr schöne Frau war, aber nichts wirklich Besonderes an sich hatte, das ihre Persönlichkeit unterstützte. Mit dem kurzen Haar kam das Eigene und Direkte, das für den Skorpion typische zum Vorschein. Das konnte sie nun sehen und sie verstand. Sie erzählte mir, dass sie in ihrem Leben schon so oft zum Friseur gegangen war und genau das wollte, was ich nun gearbeitet hatte, es aber nie bekommen hatte. Immer wieder haben Friseure sich geweigert, ihre langen Haare abzuschneiden. Sie hatten keinen Mut zum Risiko. Mich wundert ehrlich gesagt, dass diese Skorpion-Frau sich nicht durchgesetzt hat. Stattdessen hat sie es so belassen und sich nicht getraut, diesen Schritt zu wagen und sich diesen radikalen Schnitt zuzulegen. Das ist eher untypisch.

Ich habe damals schon Menschen nach ihrem Sternzeichen gefragt und versucht, etwas damit zu machen. Ich hatte dazu eine Struktur in meinem Kopf, über die ich nicht nachgedacht habe, stattdessen habe ich instinktiv nach diesem Muster gearbeitet – und das in der Regel mit Erfolg. Hätte dieses Model freudestrahlend gesagt: »Ich habe mein Leben lang nur lange Haare und bin so glücklich damit« – oder hätte ich ihr so einen Ausdruck im Gesicht angesehen, dann hätte ich damit gearbeitet. Aber hier sprach eine ganz ehrliche Skorpion-Frau zu mir: »Ich habe mein Leben lang diese langen Haare.«

Die Skorpion-Frau

Skorpion-Frauen habe ich in der Vergangenheit häufig mit Ally McBeal verglichen – bis ich festgestellt habe, dass die Schauspielerin Calista Flockhart tatsächlich Skorpion ist. Sie hat eine Geste, die meiner Meinung nach ganz typisch für einen Skorpion ist: Sie streicht sich immer die Haare hinters Ohr, ganz beiläufig, völlig selbstverständlich, aber eben doch auf eine sehr eigene Art. Das ist unglaublich sexy. Wenn sich Calista Flockhart als Ally McBeal die Haare hinter das Ohr streicht, dann macht sie das ja nicht einfach so. Wenn man ihr dabei zusieht, spürt man, wie sie mit ihren Fingerspitzen am Ohr entlang bis fast um ihren Hals fasst, um die Haare dort zu fixieren.

Skorpion-Frauen haben eine unglaublich erotische Ausstrahlung unter ihrer Tarnung. Ich glaube nicht, dass die Skorpione nicht wissen, was sie tun. Das darf man nicht unterschätzen. Sie sind nicht naiv, sondern hochintelligent und wissen sehr genau, was sie tun und was sie damit bei anderen auslösen können.

Genauso wie die Haare in der Regel grafisch zu verstehen sind, so intelligent und planvoll sieht es in den Köpfen von Skorpionen aus. Sie haben nicht nur Wissen angehäuft, sondern nutzen es auch auf eine fast beiläufige Weise.

Die Haare von Calista Flockhart sind auch die Haare einer Skorpion-Frau: weich, feminin und sie sind grafisch. Immer wieder treffe ich Skorpion-Frauen mit eher feinerem Haar, die es trotz der nicht vorhandenen Fülle lang tragen wollen. Ich plädiere in solchen Fällen in der Regel zu klar erkennbaren, grafisch strukturierten Linien. Für mich bedeutet das, dass ich bei den Frisuren dieses Zeichens sehr häufig mit der Maschine arbeite. Ich forme die Endungen oder auch Stufen damit. Die Kanten sind dann härter und das Haar bekommt damit mehr Fülle, es fällt voller.

Eine Skorpion-Frau kann einen ganzen Abend mit einem paillettenbesetzten Oberteil in der Ecke gesessen haben und kaum jemand hat sie direkt bemerkt. Plötzlich aber tritt sie aus ihrer gewählten Unauffälligkeit hervor und wird von allen wahrgenommen. Es ist ein strahlender Moment, in dem sich eine Metamorphose vollzieht, weil sich die Skorpion-Frau hervorwagt.

Sie weiß sehr genau, dass sie eine starke sexuelle Anziehungskraft hat. Das gibt ihr Macht und ein sicheres Gefühl. Und erst, wenn sie sich sicher fühlt, kann sie sich von ihrer Tarnung befreien. Das dauert bei der Skorpion-Frau aber etwas länger als bei anderen Sternzeichen. Und ein Haarschnitt, der ihr Sicherheit gibt, ist immer jener, bei dem man die Grafik ganz klar erkennt – bei dem es Linien gibt, die Orientierung bieten.

Prominente
Skorpion-Frauen

Tilda Swinton ist mit ihren auffällig schönen kurzen Haaren fast schon eine Kunstfigur. Sie bekennt Mut zur Farbe und zur Veränderung – mal rot, mal blond, mal ein bisschen länger, aber eben immer grafisch. Faszinierend an ihr ist, dass sie als Mensch eher bescheiden wirkt, auf Make-up nahezu verzichtet, aber dennoch eine enorme Ausstrahlung hat. Sie selbst und auch ihre Frisuren sind das, was man einen Blickfeldmagneten nennen könnte. Man sieht, dass sie sehr dicke, kräftige Haare hat, die besonders sind und mit denen man wahrscheinlich auch viel experimentieren kann.

Es ist ein bisschen Punk, zum Beispiel wenn es an den Seiten rasiert ist. Sie hat diese besondere Aura, dieses ungewöhnliche, besonders schöne Gesicht, welches auch sehr androgyn wirken kann. Ich finde sie so wandelbar und es ist stets alles genau auf den Punkt – nie ein Kompromiss, egal in welche Richtung, immer absolut. Es ist immer der absolute Look und nie langweilig.

Bei Anne Hathaway denke ich immer zuerst an die schönen langen Haare, wie sie sie in ihren früheren Filmen trug. Dann sehe ich sie in *Les Misérables,* wo ihr der Kopf kahl rasiert wurde und anschließend die traumhaft schöne Kurzhaarfrisur, mit der sie mich sehr an Audrey Hepburn erinnert. Auch hier ist die Frisur sehr grafisch und einfach nur schön anzusehen. Wie Julia Roberts, ebenfalls Skorpion, hat auch sie das besondere Lächeln, das pur, echt und unverfälscht wirkt. Das ist, was ich meine, wenn ich sage: Das haben so nur Skorpione. Kein anderes Zeichen ist zu dieser Radikalität, zu dieser Absolutheit fähig. Ob ernst oder lachend.

Der Skorpion-Mann

Skorpion-Männer gehen los und suchen, sie sind eben Erfinder und Entdecker. Sie wissen dabei jedoch genau, was sie tun. Ich kenne einen Skorpion-Mann, der mit alten Stoffen arbeitet. Er arbeitet sie um und gestaltet etwas völlig Neues daraus und hat großen Erfolg damit. Es ist genial, wie er alte Dinge nimmt und sie für das Hier und Jetzt ganz neu interpretiert – auf seine ganz eigene, besondere Weise.

In seinem gescheitelten und gestriegelten Äußeren, insbesondere, wenn er seine Haare nach hinten gelt, nimmt man ihm den Business-Mann, den er gern darstellt, absolut ab. Am Strand trägt er die Haare offen und selbstbewusst. Man kann ihn sich an der Börse vorstellen. Finanzen und Skorpion, oder auch Politik und Skorpion, ja, das passt.

Skorpione können relativ gut mit Geld umgehen, zumindest denken sie das von sich. Was mich ehrlich gesagt wundert, weil sie häufig kostspielige Vorlieben haben, sie sammeln zum Beispiel teure Anzüge oder man findet sie in exquisiten Einrichtungsläden. Sie sind oft talentierte Inneneinrichter oder Architekten. Als Wasserzeichen und mit diesem starken intellektuellen Ausdruck suchen sie Ordnung auch im Außen. Denn wenn innen die Gefühle brodeln, sucht man(n) im Außen seine Sicherheiten.

Prominente Skorpion-Männer

Leonardo DiCaprio ist ein äußerst faszinierender Mann. Er hat sich seine Jugendlichkeit bewahrt, was recht typisch für die Skorpion-Männer ist. Sie haben auffällig lange, recht kindliche Augen. Wenn er keine Bartstoppeln trägt, wirkt Leonardo DiCaprio dadurch fast alterslos. Trotz seiner Jungenhaftigkeit hat er eine erotische Ausstrahlung, die in Action, also in seinen Filmen, viel deutlicher wird als auf Fotos.

Die Haare trägt er, wie die meisten Skorpion-Männer, sehr klassisch und nicht trendverbunden. Die oberen Deckhaare sind häufig ein bisschen länger, teilweise auch an den Seiten, jedoch nie über dem Ohr.

Zu Gunter Sachs gibt es eigentlich nur eins zu sagen: Wie absolut kann ein Mensch noch sein? So hat er sein Leben gelebt – leidenschaftlich und hingebungsvoll. Absolut und kompromisslos war es auch von ihm, am Ende diese Entscheidung zu treffen und sich damit von der Krankheit nicht die Würde nehmen zu lassen. Tief und echt wirkte auch die Liebe zu seiner Frau. Er, der Prototyp des Playboys – immer auf der Suche, mit seinem ungeheuren Sex-Appeal und atemberaubenden Frauen an seiner Seite. Doch dann traf er seine große Liebe, mit der er den Rest seines Lebens verbrachte.

Gunter Sachs ist ein Skorpion-Vertreter par excellence, zumindest in seinem äußerlichen Bild. Seine Frisuren waren immer sehr zeitgeistig, modern und doch eigen. Als er älter wurde, trug er sie ganz weiß und ein bisschen länger. Es stand ihm hervorragend und war authentisch. Zu seinem gradlinigen Gesicht passten auch die sonnengebleichten Strähnen in seinem dicken, eigenwilligen Haar, so wie er es in jungen Jahren trug. Er war ein schöner, charismatischer Mann. Und wenn man ein bisschen anfängt, in dieses Leben hineinzugucken, dann zeigt sich eine Seele, die das Leben und die vielen schönen Dinge, die dazu gehören, geliebt hat. Ich denke, dass er wirklich zur wahren Liebe fähig war. Er hat es genossen und sich mit Leidenschaft in alles hineingegeben. Er war absolut schöpferisch in allem – einfach eine großartige, beeindruckende Persönlichkeit.

DIE PERFEKTE FRISUR FÜR DEN SKORPION

Die direkte, leidenschaftliche, kompromisslose und charakterstarke Persönlichkeit des Skorpions sollte sich natürlich auch in seiner Frisur widerspiegeln. Klassische, grafische Haarschnitte sind hier ideal – klar, puristisch, abseits vom Mainstream, was seinem Naturell entspricht. Immer eine Nasenlänge voraus und doch mittendrin.

Profi-Tipp für den Friseur

Dem Skorpion muss man den Haarschnitt wirklich grafisch erklären. Hier kann man wunderbar mit dem Kamm eine Linie nachzeichnen, die man später schneiden möchte. Der Skorpion kann das sofort nachvollziehen. Er denkt rein grafisch – deshalb funktioniert das. Und Skorpione wollen, dass es ihren Haaren gut geht. Sie nehmen deshalb gern das ein oder andere Produkt mit nach Hause.

SCHÜTZE

23. Novmber bis 21. Dezember

SCHÜTZE

23. November bis 21. Dezember

»Haare ab«

Beim Sternzeichen Schütze denke ich sofort an eine ältere Dame, die ich vor vielen Jahren bei einem kleinen Job in Zehlendorf kennengelernt habe. Sie hieß Margret und kam jede Woche zum Waschen und Legen zu mir. Laut ihrer Karteikarte hatte sie außerdem alle sechs Wochen eine Ansatzwelle sowie alle drei bis vier Wochen eine Nachfärbung. Für mich war das damals schon ganz furchtbar! Dauerwelle und Farbe sind eine große Belastung für die Haare. Das tat und tut auch heute noch niemandem gut und es war so lieblos und ohne jede Idee dahinter. Ich habe also meinen Job erledigt, ziemlich lustlos, war aber natürlich trotzdem freundlich und höflich.

Nachdem sie so sechs oder sieben Mal bei mir war, sprach sie es ganz offen an: Sie konnte die Lustlosigkeit spüren, mit der ich ihre Haare bearbeitete. Das war mir natürlich wahnsinnig unangenehm. Aber dann fingen wir an, uns zu unterhalten. Nachdem wir kurz über ihr Sternzeichen geredet hatten, baute sich langsam ein erstes Erkennen auf – und das nach Wochen.

Dann sprach sie den entscheidenden Schütze-Satz: »Machen Sie doch einfach mit meinem Kopf, was Sie wollen!« Ich schaute wohl ziemlich hilflos drein, doch sie erklärte mir: »Sie sehen immer so unglücklich aus, wenn Sie meine Haare machen. Was haben Sie denn für Ideen?«

Ideen? Ich hatte keine. Ratlos bin ich vor die Tür gegangen, habe eine Zigarette geraucht, einen Kaffee getrunken und dann mit den Kollegen gesprochen. Aber deren Vorschläge waren, wenn ich mich richtig erinnere, furchtbar langweilig – Nacken kurz, Seiten kurz, oben eingedrehte Haare. Also ehrlich, wir waren in den neunziger Jahren, wer brauchte das damals noch? Ich bin dann wieder zu Margret gegangen, die auf ihrem Friseurstuhl saß, wartend, mit ihren Zeitungen beschäftigt, und habe zu ihr gesagt: »Wissen Sie was? Wenn ich wirklich machen darf, was ich will, rasiere ich Ihre Haare ab. Ganz kurz – auf drei Millimeter. Dann fangen wir mit ihren Haaren einfach neu an.«

Meine Idee war, alles, was chemisch zerstört war, wegzunehmen, damit etwas Gesundes daraus wird. Ich selbst fand das total irre und war mir sicher: Das macht sie nie! Zu Margret habe ich gesagt: »Denken Sie darüber nach. Ich bin morgen wieder hier.« Ganz schön frech eigentlich.

Aber als ich am nächsten Morgen zum Laden kam, stand sie schon davor. »Holen Sie Ihre Maschine raus, wir machen das jetzt«, erklärte sie mir. Ich war überrascht, aber auch neugierig und wahrscheinlich hatte ich auch ein wenig Skrupel. Die Neugierde siegte. Zum Glück. Heute würde ich da auch länger drüber nachdenken, aber ich war jung und habe es gemacht: Ich rasierte ihr die Haare ganz kurz, es blieben nur noch weiße Stoppeln. Wenn ich damals schon mehr über Astrologie und die Schützen gewusst hätte, wäre mir klar gewesen: Von heute auf morgen ab mit den Haaren – das ist der Schütze!

Als sie zum Bezahlen an die Rezeption ging und ich sie da ein paar Meter entfernt von mir stehen sah, fiel mir plötzlich auf, dass sie ein sehr schönes Kostüm trug – einen etwas längeren Gehrock mit einem kleinen Schlitz, dazu eine weiße Bluse mit Krawatte. Dann setzte sie sich auch noch ein kleines Zwanziger-Jahre-Hütchen auf den Kopf, das ganz flach anlag. Sie sah großartig aus, sehr apart.

Furchtbar stolz und überrascht ging ich zu ihr und sagte ihr, wie gut mir ihr Outfit gefiele. Sie guckte mich vollkommen irritiert an. Denn das Kostüm hatte sie, wie sie mir leicht pikiert mitteilte, zu Hause in zehn Farben im Schrank hängen und es bei jedem unserer Termine getragen. Wie schick das aussah und wie toll sie als Person wirken konnte, war mir vorher wirklich nicht aufgefallen. Dieses Dauerwellen-Farb-Verbrechen auf ihrem Kopf hatte davon abgelenkt.

Wir haben die Haare wachsen lassen und dann habe ich ihr einen unterschnittenen Bob verpasst, hinten kürzer und spitz nach vorne etwas länger laufend, mit einem kurzen Pony und ganz in Schlohweiß. Es sah großartig aus. Nun konnte man erst sehen, was für tolle Haare sie hatte, es wirkte alles viel voller als vorher. Nicht mehr dauergewellt hoch, keine Toupiereffekte mehr. Einfach nur natürlich mit einem tollen Schnitt.

Margret und ich wurden Freunde. Solch eine Geschichte verbindet einfach. Diese wunderbare Frau ist Jahre später, mit Anfang Neunzig, ganz friedlich gestorben. Sie hatte ein schönes Leben und war nicht krank. Mich hat beeindruckt, dass sie sich ihren Themen immer gestellt hat und sehr kämpferisch und kriegerisch war. Sie hat mir mal erzählt, dass sie nichts von dem, was sie in ihrem Leben getan hat, bedauerte. Aber sie bereute alles, was sie nicht getan hatte. Typisch Schütze eben.

Der Schütze unter der Schere

Schütze ist ein Feuerzeichen. Charakterlich ist er offen und ehrlich, dynamisch und begeisterungsfähig, sehr willensstark und vor allem liebt er seine persönliche Freiheit. Das alles sieht man auch seinen Haaren an. Der Schütze kann jede Frisur haben, man erkennt ihn nicht direkt am Haarschnitt. Aber kennen Sie einen Schützen länger und somit seine verschiedenen Looks, dann wissen Sie: Das ist wahrscheinlich ein Schütze.

Viele Schütze-Frauen haben dicke, sehr kräftige Haare und auch mit Naturwellen – als würde sich die eigenwillige, selbstbewusste Stärke des Sternzeichens in seiner Haarstruktur widerspiegeln.

Der Schütze liebt die Veränderung, dieses Spiel mit der Verwandlung. Da muss ich auf dem Friseurstuhl weder groß nachhelfen noch überreden. Der Schütze-Mensch braucht das, weil er das Gefühl liebt, neu entscheiden und sein Leben immer wieder in eine andere Richtung schicken zu können – und das sollen auch die Haare ausdrücken. Wenn ich ihm etwas vorschlage, dann hat er immer auch eine Idee davon und wir arbeiten vielleicht nicht direkt, aber in der Regel wirkt es nach und er lässt es dann zum Beispiel im nächsten Sommer machen. Oder – wie bei Margret – am nächsten Tag.

Wann die Zeit für eine Veränderung gekommen ist, spürt das der Schütze ganz genau. Da muss ich als Friseur auch nicht viel sagen, Schützen haben ein gutes Gefühl dafür. Nur wenn die Haare lang und sehr kaputt sind, schlage ich vor, dass es Zeit für einen neuen Schnitt ist. Es darf Spaß machen, ja, aber bitte auch dem Haar. Dem sollte es dabei auch gut gehen.

Der Schütze teilt sein Leben in Projekte und jedes Projekt braucht dann vielleicht auch seinen eigenen Haarschnitt. Mir fällt dieses Denken in Projekten immer wieder auf, wenn es um Ernährung geht. Das ist für den Schützen mitunter ein ganz großes Thema. Mir ist kaum ein Sternzeichen begegnet, das so vehement die Meinung vertritt, Vegetarier zu sein und das auch wirklich bis zum Schluss verteidigt – sogar dann noch, wenn es schon wieder das monatliche Wiener Schnitzel verputzt. Das ist kein Witz: Dazu fallen mir spontan drei Schütze-Frauen aus meinem Bekanntenkreis ein. Die erzählen mir so lange, dass sie auf Fleisch verzichten, weil es so ungesund sei, bis das paniert Gebratene vor ihnen auf dem Teller liegt – lecker! Und danach geht die vegetarische oder jetzt schon vegane Inszenierung im Monolog weiter.

Schützen sind wilde Naturen. Egal, was sie tragen – lange Haare, einen Bob, ganz kurz oder eben auch ab damit – es muss immer lässig bleiben. Wie nebenbei, kein Chichi. Für einen Schützen muss seine Frisur immer etwas Praktisches haben, aber trotzdem Charakter – etwas Eigenes, eine besondere Struktur. Das kann dann auch eine richtige Mähne sein, aber immer lässig und natürlich. Kein künstliches, aufgestyltes »Big Hair«, sondern einfach lange, gesunde, schöne Haare. Oder als Kurzhaarfrisur. Oder sogar als Glatze.

Ich kenne keine Schütze-Frau, die mit ihrem Mann ihre Frisur besprechen würde. Und im Gegenzug keinen Schütze-Mann, der die Wahl seiner Frisur seiner Frau überließe. Mit einem Schützen an deiner Seite kann es dir also gut passieren, dass er mit langen Haaren zum Friseur gegangen ist, dann zu Hause mit einer völlig neuen Frisur auf dem Kopf wieder zur Tür hereinkommt und nur sagt: »Ist was?« Ohne jeden Kommentar, als sei nichts passiert, als sei eine krasse Veränderung ganz selbstverständlich.

Schützen wollen Aufmerksamkeit und sie wollen auch, dass das gesehen wird. Aber für einen Schützen sind Haare eben nur Haare. Sein Lebensglück hängt nicht davon ab. Für dieses Sternzeichen ist die Frisur Teil seines spielerischen Ausdrucks. Der Schütze nimmt sein ganzes Leben, sein Äußeres und damit auch seine Frisur mit einer sehr charmanten Naivität. Und da spiele ich als Friseur natürlich gern mit.

Wenn ein Schütze eine Entscheidung getroffen hat, dann ist er sich absolut sicher. Hat er sich die Mähne einmal abschneiden lassen, dann trauert er ihr auch nicht nach. Es gibt andere Sternzeichen, die eine solche Neuausrichtung kaum aushalten. Einen Steinbock oder einen Stier davon zu überzeugen, dass es mehr als zwei oder drei Frisuren in ihrem langen Leben geben kann, ist gänzlich unmöglich. Der Schütze aber will das, er sucht immer das Neue. Margrets Aszendent war Skorpion, deshalb ging sie so kompromisslos ihren Weg. Menschen wie sie sagen: »Ich mach das jetzt!« Auch, wenn es um ihre Haare geht.

Schützen sind sehr reflektierte Menschen und das macht sie in meinen Augen spannend. Sie denken sehr viel über sich nach – manchmal zu viel. Ich würde behaupten, Schützen machen mitunter am häufigsten Therapien, Yoga oder irgendwelche Selbsterfahrungsgeschichten: Hier ein Coaching, da noch ein Workshop, da gehe ich zum Freeclimbing und hier das Zeitmanagement-Seminar. Letzteres könnten viele Schützen wirklich gut gebrauchen, denn einen Schützen erkenne ich auch daran, dass er schon mal zu spät zum Termin kommt. Auch Margret kam grundsätzlich eine halbe Stunde zu spät in den Salon, manchmal sogar eine ganze. Ohne sich zu entschuldigen – als wäre es völlig selbstverständlich. Nur einmal war sie pünktlich: Als wir die Haare rasiert haben. Für andere Schütze-Kundinnen stand ich bei Verabredungen manchmal eine halbe Stunde im Regen und habe auf sie gewartet. Oder man wartet unten im Auto, während der Schütze oben noch die Wohnung aufräumt. Das ist mir wirklich mehrmals so passiert! Natürlich gibt es disziplinierte Schützen. Nur ist eben irgendetwas anderes manchmal wichtiger. Aber hier gilt, ganz offen: Nicht alle Schützen sind gleich!

Schützen sind sehr eigene Menschen. Von einer befreundeten Schütze-Frau stammt der Satz: »Ich kann nur mit Exzentrikern!« Das stimmt sicher auch: Es braucht immer ein Gegenüber. Im Kopf des Schützen gehen Grübeleien und

Überlegungen und Ideen häufig kreuz und quer, und mit all diesen inneren Wandlungen muss eine Frisur auch erst mal mithalten. Dabei hat er sicherlich ein Ziel im Auge, das ich leider nicht kenne, denn dazu bin ich zu wenig Schütze.

Kreativität und Leidenschaft besitzen Schützen im Übermaß. Beim Haarschneiden ist das für mich spannend. Mit ihnen entsteht ganz schnell eine kreative Energie. Einen Großteil davon steuere ich bei, aber sie bringen sie auch mit. Und wenn beides zusammenkommt, dann passiert da immer richtig was vor dem Spiegel – eine kleine Explosion, ja, eine kleine Haarexplosion. Der Schütze ist für mich stets das Minifeuerwerk des Tages! Es ist spannend. Eine Welt ohne Schützen? Das wäre doch furchtbar.

Die Schütze-Frau

Die Schützinnen sind die Frauen, die einfach so ihre Haare raufen, ganz locker mit den Fingern durchgehen und dann ist es fertig. Die brauchen keinen Spiegel und nichts. Die Schütze-Frau wuschelt da mal eben durch, geht dann raus in die Welt und fühlt sich wohl damit.

Schütze-Frauen sitzen in der Regel nicht jeden Monat beim Friseur, ähnlich wie Fische-Frauen – die würden ja am liebsten gar nicht gehen. Hier gibt es allerdings – Buddha sei Dank – viele Ausnahmen. Eine Schütze-Frau kommt etwa alle halbe Jahre zu mir, das reicht ihr. Bei langen Haaren sehe ich sie manchmal sogar nur einmal pro Jahr zum Spitzenschneiden.

Wenn die Haare kürzer sind, sehen sie es auch ein, dass öfter geschnitten werden muss. Aber sie selbst brauchen es nicht so häufig für ihr Ego.

Eine Freundin von mir, auch Schütze-Geborene, hat sich so wie Margret ebenfalls mal die Haare glattrasieren lassen. Sie meinte damals, sie habe noch nie ihre Kopfhaut richtig gesehen – also entschied sie sich für diesen radikalen Schnitt. Sie ließ ihre Haare dann wieder wachsen, zwischendurch hatte sie verschiedene Längen und Stile, dann haben wir es wieder kurz gemacht, wieder wachsen lassen. Eine andere Schütze-Frau, eine ehemalige Nachbarin, der ich auch die Haare geschnitten habe, wollte immer Frisuren, die sehr praktisch und sehr kurz waren, aber die hatten trotzdem immer einen eigenen Stil – mit einem kurzen Pony oder dann auch mal nach hinten. Immer unkompliziert, aber auch sehr abwechslungsreich.

Ein Schütze, und besonders die Schütze-Frau, hat ein ganz feines Gespür für Kunst und Kultur. Ich bin mit Margret regelmäßig ins Theater gegangen. In einem Stück wurde auf offener Bühne ein riesiges Stück Fleisch verbrannt. Das ganze Theater hat gestunken, das war richtig eklig. Ich saß da, hab mir meinen Schal über die Nase gezogen und wollte die ganze Zeit rausgehen. Nach der Aufführung sagte Margret mir, dass sie es auch kaum ausgehalten hätte – aber dass sie es musste und auch wollte, weil das brennende Fleisch den Ekel ausdrücken sollte, den wir alle im Publikum vor dem, was auf der Bühne geschah, empfanden. Diese Frau hat mir mit ihren fast neunzig Jahren mal eben modernes Tanztheater erklärt, was ich beeindruckend fand.

Beim Friseur wünscht sich die Schütze-Frau Beratung. Sie mag es sehr, wenn sie ein wenig umsorgt wird und man ihr verschiedene Dinge vorschlägt, nicht nur zum Schnitt, sondern auch zum Styling. Die Friseure dieser Welt sollten das ernst nehmen und sich da engagieren: Die Schütze-Frau wird es ihnen danken! Das ist aber ein ganz bestimmter Typ Schütze-Frau – sehr unaufgeregt und unprätentiös, der beraten werden will, auch wenn er am Ende bei der alten Frisur bleibt. Auffallend viele Schütze-Frauen sind zum Beispiel vor allem im Alter sehr glücklich mit einem ganz bestimmten Schnitt, beispielsweise einem runden, voluminösen Bob im Stil von Mireille Mathieu. Diese Schütze-Frau braucht immer mal den Check, ob ihr Look noch passt und sie braucht dazu ein Gegenüber. Sie will erkannt werden – das wollen wir ja wohl alle, oder?

Prominente Schütze-Frauen

»Man muss sich immer wieder verändern, um sich treu zu bleiben.« Dieser Satz stammt von der Schauspielerin Julianne Moore. Sie hat am 3. Dezember Geburtstag und ist eine typische Schütze-Frau. Ihre tollen roten Haare trägt sie meistens lang, aber das ist diese wilde Mähne, von der ich schon gesprochen habe: Sie hat immer Bewegung und eine Struktur drin. Bei Julianne Moore erkennt man die Schütze-Frau auch in ihren Rollen, da ist sie unglaublich abwechslungsreich – von der drogensüchtigen Pornodarstellerin in *Boogie Nights* über die FBI-Agentin in *Hannibal* bis zur lesbischen Mutter in *The Kids Are All Right*.

Schützen sind in allem, was sie tun, meistens kompromisslos. So wie Christina Aguilera, eine typische Schütze-Frau, die immer wieder andere, aber sehr prägnante Looks hat. Mir persönlich ist sie viel zu blond. Das passt nicht zu ihrem Hautton und steht ihr deshalb überhaupt nicht gut. Aber ihre Konsequenz und die Stärke, mit der sie alles durchzieht, sind sehr beeindruckend. Das wird nur vom Widder getoppt, der dem Schützen in diesem Punkt wesensverwandt ist.

Mir fällt auch die Schütze-Frau Katie Holmes ein, die ihre Haare immer mal wieder abgeschnitten hat. Sie trug einen Bob, dann hatte sie die Haare ein bisschen länger und dann auch mal so eine unterschnittene Geschichte und ich kann mich an einen Pony erinnern. Persönlich fand ich sie mit halblangem Haar toll. Sie hat ja eine schwere Trennung hinter sich, das hat sie richtig gut durchgezogen. Wenn ich heute Fotos von ihr sehe, dann ist sie wesentlich entspannter geworden und sie ist sich immer treu geblieben. Da denkt man jetzt, dass das ein völliger Gegensatz zu ihrer Tochter Suri ist, die sich immer so aufstylt. Aber ich sage Ihnen, als Mutter kann Katie da wenig ausrichten, denn Suri ist ein Widder, der nur einen Satz kennt: »Ich will!«

Der Schütze-Mann

Schütze-Männer wollen gern gefallen. Während eine Schütze-Frau durchaus mal lockerlassen kann, ist ihm sein Aussehen sehr wichtig. Dazu gehört natürlich auch seine Frisur. Er macht sich gern etwas in die Haare, er stylt sich. In seinem Badezimmer steht nicht viel, aber das sind dann ein, zwei ausgesuchte Produkte, die er regelmäßig benutzt. Einer Schütze-Frau ist ihre Unabhängigkeit am wichtigsten und sie sucht sich eher raue, ungestüme Schnitte aus. Der Schütze-Mann dagegen hat auch mal glatte Haare und er spielt damit, trägt sein Haar mal gescheitelt, mal gegelt, mal gewachst. Und Schütze-Männer lassen ihre Haare auch gern wachsen – wenn ihre Sozialisierung und ihre Erziehung es zulassen. Da braucht es meiner Meinung nach Mütter und auch Väter, die ein solches Männerbild »erlauben«.

Männliche Schützen sind in der Regel charmante und attraktive Kerle, die auch gern mal schmusen und körperlich sind und sich trotzdem ihren Abstand nehmen, diesen auch brauchen und für sich bewahren. Wenn der Schütze-Mann als Kind diese Gefühle ausleben darf, steht er auch als Erwachsener eher zu seinen weichen Seiten – und traut sich vielleicht auch, seine Haare länger zu tragen.

Mir ist aufgefallen, dass viele männliche Vertreter dieses Zeichens rauchen, mitunter sogar für eine längere Weile. Sie kompensieren hier lediglich ihren Stress. Dieses Schütze typische In-Bewegung-sein erinnert an sein Sternzeichen-symbol: Es ist der geheimnisvolle Zentaur – halb Mensch, halb Pferd –, der seinen Pfeil stets auf ein fernes Ziel richtet und in wildem Galopp durch die Welt reitet. Für seine Mitmenschen kann dieser hoch aktive Schütze mitunter sehr anstrengend sein.

Dass Schütze-Männer auf ihr Aussehen so viel Wert legen, bereitet mir als Friseur natürlich großen Spaß: Sie haben eine Idee von sich und lassen sich auf meine Ideen ein. Das ist bei den Schütze-Frauen genauso, die auch sehr genau wissen, was sie brauchen und wollen und was ihnen steht.

Prominente Schütze-Männer

Viele Schütze-Männer sehen außerordentlich gut aus, sodass man regelrecht ins Schwärmen geraten kann! Brad Pitt ist zum Beispiel Schütze und er verkörpert das Sternzeichen perfekt. Er verändert seine Frisur ständig. Das ist wirklich verrückt: Sie sind mal lang oder kurz, manchmal auch wild.

Es gibt diesen legendären Jeans-Werbespot mit ihm aus dem Jahr 1991, in dem er die Haare etwas länger und vorne lässig ins Gesicht trägt. Dieser Haarschnitt war in meinen Augen in den achtziger Jahren das Aufregendste, was es an Männerschnitten gab. Er hatte etwas Punkiges, Ungebändigtes. Das war »out of bed«, lange bevor dies zu einem Stil erklärt wurde, der mittlerweile en vogue ist. Auch bei seinen Bartfrisuren zeigt er die für den Schützen typische Kreativität:

Mal ein voller Bart, manchmal ein bisschen Bart, dann ein Schnäuzer oder makellos glatt rasiert. Ich fand Brad Pitt schon immer unglaublich trendy. Wenn man sich im Internet Bilder von ihm anschaut, kriegt man mehr Ideen für gute Männerhaarschnitte als bei allen anderen Schauspielern.

DIE PERFEKTE FRISUR FÜR DEN SCHÜTZEN

Der Schütze ist freiheitsliebend. Dadurch ist er für (fast) alles offen. Er probiert gern vieles aus. Egal ob lang oder kurz: wild, natürlich und unkompliziert muss es sein, spielerisch und immer neu! Und er sieht umwerfend damit aus – das gilt tatsächlich für beide Geschlechter. Er lässt sich einfach nicht anpassen.

Der Profi-Tipp für den Friseur

Der Schütze kommt mit eigenen Ideen in euren Laden. Er liebt das Spiel mit der Veränderung. Ihr müsst ihn nur an diesem Punkt abholen. Manchmal dauert es von einem Termin zum nächsten, bis er sich entschieden hat, die Veränderung wirklich umzusetzen. Deshalb lohnt es sich, dranzubleiben und immer wieder etwas Neues vorzuschlagen!

STEINBOCK

22. Dezember bis 20. Januar

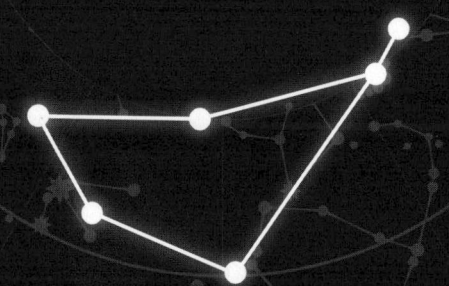

STEINBOCK

22. Dezember bis 20. Januar

»Rituale«

In den späten neunziger Jahren habe ich zusammen mit einer Theaterpädagogin, sie hieß Isabell, einen Chanson-Workshop gegeben. Die Teilnehmer suchten sich ein Chanson aus, das sie singen wollten, ich übernahm die Textinterpretation, ein befreundeter Pianist saß am Klavier und los ging's. Das war wirklich sehr spannend – diese vielen unterschiedlichen Menschen, die zusammen, manchmal auch miteinander Musik machten. Eine Frau fiel mir besonders auf: Ich erfuhr, dass sie Steinbock ist. Sie hätte gut Sekretärin oder auch Bibliothekarin sein können. Sie trug eine Brille und immer diese klassischen Kostüme, die knapp unter dem Knie endeten, mit einem dezenten Schlitz hinten.

Ihre Stimme war sehr hoch und klang leider etwas fistelig. Trotz allem wählte sie ein Lied namens *Ich wär so gern ein Sex-Appeal* aus den dreißiger Jahren aus. Es beschreibt die Sehnsucht nach einer großen Leidenschaft – und das nun mit dieser kleinen, piepsigen Stimme, die sich einfach nicht traut, ihren Weg aus ihrem Körper herauszufinden. Der Workshop endete mit einem Konzert. Drei Tage davor fand eine Generalprobe mit allen Beteiligten statt.

Isabell entschloss sich, mit einem theaterpädagogischen Spiel zu beginnen. Die Gruppe sollte eine Pferdeherde darstellen: Alle waren Pferde und die Steinbock-Frau stellte den Leithengst dar. Das hat natürlich überhaupt nicht geklappt. Die Pferde liefen alle kreuz und quer durch den Raum und sie bekam sie überhaupt nicht unter Kontrolle.

Isabell, ebenfalls Steinbock, ging mit ihr aus dem Raum hinaus, um allein mit ihr zu arbeiten. Hinterher erzählte sie mir, wie intensiv es gewesen sei: Mit allen Mitteln habe sie versucht, die Kraft aus dieser Frau herauszukitzeln. Sie habe Akupressurpunkte gedrückt und sie sogar angeschrien. Und was auch immer sie noch tat, es funktionierte: Als ich die Tür öffnete, kam zum Vorschein, was ich für eine ganz charakteristische Steinbock-Eigenschaft halte: Eigentlich sind Steinböcke ja zum Führen geboren. Zumindest denken sie das. Allerdings ist da auch wirklich sehr viel dran.

Als diese wunderbare Steinbock-Teilnehmerin plötzlich durch den Raum ging, verschaffte sie sich nur durch die Veränderung ihrer inneren Haltung Respekt. Natürlich hatte sie nicht plötzlich eine kräftigere Stimme, aber sie sang in einer unbeschreiblichen, wunderschönen und erotischen Art und Weise – und dabei in ihrer erdverbundenen Sinnlichkeit den Stier, das sinnlichste aller Zeichen, übertrumpfend: »Ich wär so gern ein Sex-Appeal ...« Wir alle hatten wahrlich eine Gänsehaut und waren tief beeindruckt. Der Steinbock wurde sichtbar. Ich fand das irre, dass sie es geschafft hatte, so aus sich herauszukommen. Sie war vom Steinbock-Ehrgeiz angetrieben, das, was sie einmal angefangen hatte, zu Ende zu führen, und zeigte ihren Mut, die Führung zu übernehmen.

Beide Steinbock-Frauen hatten übrigens eine Pagenlänge. Isabell ein bisschen länger, aber immer noch Pagenlänge. Das Interessante an dieser Geschichte ist, dass Steinbock-Frauen dieses Talent mitbringen, andere in ihrer zarten und gleichzeitig bodenständigen, anpackenden Haltung zu begeistern. Sie sind klar, tief in der Erde verankert und geben definitiv erst auf, wenn sie ihr Ziel erreicht haben. Auch wenn sie vielleicht zwischendrin ein bisschen ätherisch-fragil wirken könnten.

Dieses Fürsorgliche, das mit dem Verständnis ihrer Rolle innerhalb der sozialen Gemeinschaft zu tun hat – ob im Job oder im Privaten – macht sie zu guten Chefs. Schon in ihrer Kindheit haben Steinböcke häufig die Führungsrolle übernommen, sie mussten sich zum Beispiel sehr um ihre Geschwister kümmern, weil die Mutter viel gearbeitet hat. Für sie ist das dann eine Selbstverständlichkeit, sie nehmen es als gegeben hin. Es gibt vermutlich keinen besseren großen Bruder oder eine große Schwester als einen Steinbock. Deshalb bekommen auch Kinder von Steinböcken in ihrer Erziehung oftmals eine sehr klare und gute Orientierung vermittelt.

Steinböcke sind in der Regel zuerst weniger empathisch. Das heißt, sie bekommen nicht unbedingt sofort mit, wie es ihrem Gegenüber geht. Der Steinbock ist aber ein Meister der Fairness. Wann immer es eine soziale Ungerechtigkeit gibt, mischt er sich ein. Und hierbei weiß er ganz genau, dass nur ein glücklicher Arbeitnehmer ein guter Arbeitnehmer ist. Deshalb will er ja auch seinem Team ein positives Gefühl vermitteln. Weil er weiß, dass jemand dann im Job auch gern mal länger bleibt, wenn es brennt.

Dieses Zeichen besitzt in der Regel sehr konservative Wertvorstellungen. Treue ist für den Steinbock also ein großes Thema. Nicht, weil er sie hinterfragt – er setzt sie voraus. Steinbock-Männer und -Frauen brauchen nicht die schönste Frau oder den schönsten Mann der Welt an ihrer Seite – sie brauchen den Partner mit dem meisten Charisma. Er oder sie muss den Steinbock anspornen. Interessanterweise suchen sich Steinbock-Frauen gern auch jüngere Männer als Partner.

Wenn das Alltagstempo zu rasant für einen Steinbock wird, kommt er häufig nicht hinterher. Eine verlassene Steinbock-Frau oder ein verlassener Steinbock reagieren beide gleich. Sie können sich für Jahre abschotten und niemanden an sich heranlassen. Ja, wirklich. Sie können zwar Spaß haben, Sex, Bestätigung, aber in ihrer emotionalen Welt verschließen sie sich komplett. Heilung findet beim Steinbock eben sehr langsam statt. Die Ursache liegt in seiner Bodenhaftung: Er ist also, wie alle Erdzeichen, so fest im Boden verankert, dass die Trennung von einem geliebten Menschen ihn in seinem Wertesystem tief erschüttert. Für ihn ist dieser fundamentale Bruch einfach nicht zu begreifen. Er versteht es intellektuell, jedoch in seinen erdigen Gefühlstiefen fühlt er sich ohnmächtig und zurückgelassen.

Manche Zeichen brauchen ja niemanden, beispielsweise der Löwe, der aus sich heraus glücklich ist. Der Steinbock hingegen ist aus sich heraus organisiert. Das ist eine ganz andere Geschichte. Ein klassischer Steinbock steht, wenn er nichts Bestimmtes vorhat, wahrscheinlich trotzdem morgens auf und hat sein Ritual – beim Anziehen, beim Frühstück, ein Ritual in wirklich allem, bis er fertig ist, das Haus zu verlassen. Er braucht eben diese ritualisierte Form von allem. Die findet sich dann auch in der Einrichtung. Steinböcke haben häufig einen sehr guten Geschmack, aber meistens nicht aus sich heraus, sondern eher, weil sie in der frühen Prägung damit aufgewachsen sind.

Steinböcke brauchen Geld, um sich Sicherheit zu schaffen: Sie fühlen sich wohler, wenn die Altersvorsorge stimmt, am liebsten schon mit dreißig Jahren. Steinböcke lieben den praktischen Luxus, Investitionen bedenken sie aber sehr genau. Der Steinbock setzt sich ein eigenes Wertesystem wie einen inneren Katalog für alles, was er ausgibt: Ein T-Shirt für fünfundzwanzig Euro ist okay, bei vierzig Euro wird es schwierig. Kauft sich ein Steinbock jedoch mal Schuhe für vierhundert Euro, weil die einfach sein müssen, dann kann man sicher sein, dass sie mindestens ein Jahrzehnt getragen werden. Getragen, gepflegt, wertgeschätzt. Wir treffen die Steinböcke in exquisiten Boutiquen. Männer und Frauen in tollen Anzügen. Wenn auch häufig eher klassisch oder aber aus der Erziehung heraus geprägt. Der Steinbock-Mann trägt oft draußen einen Anzug und drinnen eine Jogginghose. Das hat er schon immer so gemacht. Das fing in jungen Jahren an und wurde beibehalten. Es ist eine ritualisierte Handlung. Das kann bedeuten, dass der Steinbock mitunter eine gewisse

Beratungsresistenz an den Tag legt. Denn er müsste ja aus seinem Ritual raus und etwas ändern. Es muss nicht immer die XL-Hip-Hop-Jogginghose zu Hause sein, sondern auch die Pyjamahose wäre vielleicht bequem oder als Alternative durchaus denkbar. Aber für den Steinbock!? Es ist schwierig, einen Steinbock davon zu überzeugen, dass man das und jenes vielleicht nicht mehr braucht.

Steinböcke neigen ja nicht zu unnötigen Anschaffungen. Eine klassische Steinbock-Küche wirkt asketisch. Dort liegen drei Messer in der Schublade und wahrscheinlich ein Sparschäler. Dann gibt es ein Brett und einen Teller – alles aufs Wesentliche reduziert. Und das wird vom Steinbock nicht überdacht: dass es längst ein besseres Modell eines Küchenutensils gibt, das das Leben leichter macht oder dass man irgendwann einmal begreift, dass die etwas teureren japanischen Messer nicht nur schärfer schneiden, sondern auch ein Leben lang halten.

Für eine Steinbock-Beziehung ist es vielleicht am besten, wenn der Partner gleich eine ganze Kücheneinrichtung mitbringt. Dann denkt er sicherlich verärgert, dass das kein Mensch braucht. In Wirklichkeit benutzt er die Sachen dann aber doch, wenn er erst mal kapiert hat, wie das funktioniert. Es geht immer darum, das Ritualisierte aufzubrechen.

Und jetzt kann man sich die Frage stellen: Muss man das denn eigentlich, wenn man diesen wunderbaren treuen Steinbock zu Hause hat, der nur das Gegenüber will? Nein, muss man nicht unbedingt. Man kann damit auch einfach glücklich sein. Wichtig ist aber, dass der Steinbock glücklich ist, weil nur dann, wenn man ihm seine Rituale lässt, dann wird er auch bei einem bleiben.

Steinböcke werden nicht geboren, um im Schatten des Partners zu stehen. Sie sind gleichwertige Partner. Auf geistiger Ebene, aber durchaus auch ganz praktisch. Menschen, die mit Steinböcken zusammen sind, sollten öfter mal darüber nachdenken, ob es nicht sinnvoll wäre, zum Beispiel eine berufliche Partnerschaft zu leben. Und dann können sie sich einfach darauf verlassen, dass ihr gemeinsames Imperium wächst.

Wenn jemand einen Steinbock einstellt, würde wahrscheinlich Folgendes passieren: Er würde schnell nach Führung drängen. Und wenn er diese Führung hat, dann wird ihm sein Aufgabenbereich zu klein und er geht weiter. Der Steinbock will immer nach oben. Oftmals schon als Kleinkind im Kindergarten. Wenn er an einer Weggabelung seines Lebens steht, dann wählt der Steinbock in der Regel den Weg nach oben. Nie nach unten oder zur Seite oder auch nur den Umriss eines Umwegs. Er wählt stets den direkten Weg. Egal, wie steinig dieser auch sein mag. Seine Arbeit, die er immer als seine Lebensaufgabe versteht, macht ihn in der Regel niemals müde. Nein, er ist nicht erschöpft, weil er zu viel arbeitet. Er wird durch die Arbeit angetrieben.

Es stört ihn nicht, sechzehn Stunden täglich zu arbeiten, und das sechs Tage die Woche. Der Steinbock tut das gern. Er wird nicht müde davon. Das muss man sich jetzt mal vorstellen: Da gibt es ein Zeichen, das nicht müde wird bei der Arbeit. Wo alle anderen Zeichen protestieren würden: »Ich kann nicht mehr!«, da sagt der Steinbock: »Ach so, da hinten liegt noch dieser Ordner! Bring mir den doch mal rüber. Das nehme ich mir jetzt auch noch vor.« Das ist wirklich Wahnsinn, oder?

Der Steinbock ist ehrgeizig, er setzt sich immer wieder Ziele. Er arbeitet viel. Dabei wirkt er so gut wie nie gehetzt und zu gestresst. Vielmehr wirkt er entspannt im Job, viel lässiger als die anderen Sternzeichen. Von außen kann man sich kaum vorstellen, wie jemand so gut gelaunt sein kann und gleichzeitig so viel schafft – und dabei noch so frisch rüberkommt.

Es lohnt sich, dies genauer zu betrachten: Es ist keine Lässigkeit im Sinne von »Ich lasse alles laufen«, sondern der Steinbock ist entspannt, weil er eben alles Nötige mit einer ganz großen Ruhe und Konzentration schon erledigt hat. Und die Aussicht darauf, dass irgendwann alles getan sein wird, die macht ihn schon währenddessen entspannt. Ihn setzt keine Deadline groß unter Druck, sondern der Prozess der Arbeit selbst erfüllt ihn. Er vollzieht die Dinge, die er tut, konzentriert, dabei bedacht, mit der größtmöglichen Ruhe und wirkt dabei – weil das alles so aufgeräumt ist in ihm, mit ihm und um ihn – nach außen hin mehr als entspannt. Also, Fazit: wirklich lässig. Ach, wenn die Steinböcke diese Gelassenheit jetzt noch auf ihr Lebensthema legen könnten, dass sie Neuerungen und Veränderungen zulassen, dann wären sie wahrlich perfekt.

Auf der anderen Seite kann der Steinbock tatsächlich ein ganzes Wochenende am Pool liegen oder in einem schönen Spa und das bedingungslos genießen. Häufig macht der Steinbock Fernreisen. Wenn er es sich leisten kann, auf die Malediven zu fliegen, dann macht er das einfach. Dafür gibt er dann Geld aus, weil er den Nutzwert sieht. Er sagt sich: »Die drei Wochen Malediven kosten mich zwar eine Stange Geld, aber ich tanke dort so viel Sonne und Kraft, dass ich den Rest des Jahres durcharbeiten kann.« Er tankt da aber keine Kraft. Die Kraft tankt er ja bei der Arbeit. Er tankt da Sonne. Denn ist die Arbeit gemacht, entspannt sich der Chef.

Der Steinbock unter der Schere

In puncto Friseur ist dieses Sternzeichen sehr treu: Ein Steinbock, der regelmäßig zu mir zum Haareschneiden kommt, der bleibt mitunter ein Leben lang. Ich habe mit einigen Kollegen gesprochen und wir sind so unsere Stammkunden durchgegangen und tatsächlich, die Gäste, die am längsten zu uns kommen und dabei selten einen Abstecher gemacht haben, sind Steinböcke. Das werden dann gern »Haar-Freundschaften« – vielleicht reduziert auf diese kleine Weile, in der man sich trifft, aber nie langweilig und immer mit tiefer Wertschätzung.

Ich kann mich an einen Gast erinnern, dem ich eine Weile die Haare geschnitten habe. Er leitete eine Bankfiliale und hatte immer einen Flattop. Das ist die sogenannte Brikettfrisur wie Tom Cruise sie in *Top Gun* trägt. Das ist wirklich schon sehr lange her und das ist etwas, das ich, wenn ich wirklich ehrlich bin, nie wieder schneiden will. Aber ich bekam das einfach nicht raus bei ihm. Er hatte schöne Haare und es wäre so viel möglich gewesen, aber es ging nicht. Vor zwei, drei Jahren habe ich ihn zufällig auf der Straße getroffen – und er trug immer noch diese Frisur, wie vor zwanzig Jahren.

Ich bin sicher, dass er nach mir noch mehreren Friseuren begegnet ist. Er ist schließlich mehrmals umgezogen und hat auch in anderen Ländern gelebt. Das ist wirklich so schade. Warum kapieren diese Steinböcke nicht, dass das Altbewährte nicht immer das Beste ist und deshalb bleiben muss? Das ist wahrscheinlich die schwierigste Lebensaufgabe der Steinböcke, wobei das sicher alle Sternzeichen kennen: Dass man in seinem Kopfkarussell gefangen ist, das immer auf eine Melodie gepolt ist und sich nicht so leicht stoppen lässt. Die Lebensaufgabe des Steinbocks ist es also, das Karussell anzuhalten und neugierig hinzuhören, was es vielleicht noch an anderen Melodien gibt, die im Leben gespielt werden.

Die Steinbock-Frau

Bei den Steinbock-Frauen fällt auf, dass ihnen ein Scheitel unglaublich gut steht, egal ob ein Mittelscheitel oder auch immer wieder gern sehr tief angesetzt. Kindern hat man ja früher häufig einen tiefen Scheitel verpasst und diesen mit einer Klemme festgesteckt. Offensichtlich sind die Steinbock-Frauen bei der rudimentären Version ihrer Kinderfrisur geblieben. Irgendwann war die Klemme weg und wenn es sie genervt hat, dann kamen die Haare hinters Ohr oder wurden irgendwie kunstvoll zusammengesteckt. Das heißt aber auch, dass der Steinbock an einem Tag, an dem die Haare nicht liegen, wirklich gänzlich verzweifelt. Das ist bei diesem Zeichen am stärksten ausgeprägt. Und wenn sie es sich leisten könnten, würden sie vermutlich an diesem Tag tatsächlich zu Hause bleiben.

Vielen Steinbock-Frauen wird unterstellt, dass sie kühl sind. Die Steinbock-Frau ist eben sehr stark im Inneren, in ihrer Kraft – hier drückt sich auch die Bodenständigkeit des Erdzeichens aus. Natürlich macht das den Männern Angst. Und wenn Männer Angst bekommen, müssen sie das bewerten. Steinbock-Frauen sind häufig die, die mit der Brille in der ersten Reihe sitzen und sich bei jeder Gelegenheit als erste zu Wort melden. Sie können einfach nicht anders. Sie machen das auch nicht, um andere zu beeindrucken oder sich selbst zu produzieren. Als Erdzeichen bringt der Steinbock einen ganz bodenständigen Intellekt mit und ist seltener visionär als zum Beispiel der Wassermann. Das heißt nicht, dass die Steinböcke weniger spannend oder sexy sind als die Luftzeichen, bei denen alles zuerst im Kopf stattfindet.

Wo der Stier sich eher mal im Weg steht, ist der Steinbock ein bisschen offener. Ein Steinbock versteht, wenn es den Haaren nicht gut geht, und dann lässt er sie, pragmatisch wie er ist, auch abschneiden, weil er nicht will, dass sie leiden. Das können auch mal zwanzig Zentimeter sein. Er tut es einfach aus praktischer Notwendigkeit. Dann darf das Haar ja auch wieder wachsen. Und mit einem regelmäßigen Schnitt geht es schließlich nicht wieder kaputt.

Prominente
Steinbock-Frauen

Für mich ist Marlene Dietrich eine Steinbock-Frau par excellence, mit allen positiven und negativen Eigenschaften dieses Sternzeichens: Sie kümmerte sich um die Menschen in ihrer Nähe, auf der anderen Seite war sie aber auch so egozentrisch, dass sie nur ihre eigene Wahrheit gelten ließ und ihren eigenen Willen durchdrückte. In manchen Situationen mag das richtig und wichtig sein. In anderen Situationen kann es schwierig sein. Echte Diven findet man also auch unter den Steinböcken – aber immer Diven im allerbesten Sinne. Steinböcke sind fleißig, sie sind da, sie engagieren sich für die Ziele, die ihnen wichtig sind: egal ob sozial, beruflich oder privat.

Bezeichnend ist die Anekdote von Marlene Dietrichs Reise nach Israel in den fünfziger Jahren, als sie dort Konzerte gab, und dort es war nach dem Zweiten Weltkrieg verboten, auf Deutsch zu singen. Doch sie sagte zu ihrem Manager: »Ich singe nicht ein Lied auf Deutsch – sondern neun!« Und dann ist sie jeden Abend vor den Vorhang getreten, bevor die Show anfing und sagte, sie erkenne viele Menschen im Publikum von früher und würde das Konzert gern in deutscher Sprache geben. Und viele Juden, die fliehen mussten, saßen dort und hatten Tränen in den Augen. Die Dietrich brachte ihnen ein Stück Deutschland zurück und sie haben sie dafür geliebt – für ihre Stärke, sich durchzusetzen und so einzubringen und für ihre Überzeugung mutig einzustehen.

Ihr ganzes Leben ist von einer beeindruckenden Absolutheit und Stärke gezeichnet. Man muss sich nur an die Männer erinnern, die sie geliebt hat: Wenn der Intellekt alles aufmacht und dann der Sex und die Liebe von der Faszination eines Menschen ausgehen – eines Menschen, der für etwas Eigenes, ganz Besonderes, Wertvolles steht, und der eine Vision hat. Damit sind solche Vordenker wie Erich Maria Remarque oder Hemingway gemeint. Natürlich sind das Liebespartner auf Augenhöhe für eine Steinbock-Frau wie Marlene Dietrich.

Von Marlene Dietrich weiß man, dass sie gern geputzt hat. Das ist ganz typisch Steinbock. Die Erdzeichen machen das alle – sie kümmern sich um ihr Heim. Ihre Haare sind auch immer perfekt gestylt. An einem Bad Hair Day wäre diese Frau sicher niemals aus dem Haus gegangen. Sie hätte alles dafür getan, dass es genau auf den Punkt kommt. Das war die Zeit damals und das war das, was sie ausdrücken wollte. Und Marlene Dietrich sieht ja auf keinem Bild unattraktiv aus. Man erkennt ihren Intellekt, ihre Denkerstirn. Steinböcke haben häufig eine ausgeprägte, ausdrucksstarke Stirn. Wann immer man die Dietrich auf Fotos sieht: Das ist alles kontrolliert. Da war kein Zufall. Und das hat sie gehalten bis ins hohe Alter – eine Steinbock-Frau par excellence.

Diane Keaton ist ebenfalls ein Steinbock – eine Frau, die Woody Allen auf Augenhöhe getroffen hat. Selbst die Haare sind intellektualisiert: Diese Strähnen, diese Strips, die sie manchmal hat, dieses Mehrfarbige, auch im Alter. Es ist einfach toll. Ich glaube, dass sie selbst in den lässigsten Phasen mit ihren Haaren viel Mühe hineingesteckt hat. Ein Look, der wie zufällig wirkt, es aber wahrscheinlich nicht ist.

Eine, die nichts dem Zufall überlässt, ist Kate Moss, oder? Und sie sieht großartig aus, so pur. Eigentlich sagt sie doch: »Ihr könnt mich mal alle! Ich sehe klasse aus. Ihr wisst das doch.« Und das ist lässig. Aber es kostet sicher auch viel Arbeit, so auszusehen. Die Haare einfach glatt mit Mittelscheitel, das wirkt, als hätte sie nichts gemacht. Aber natürlich wacht diese Frau morgens nicht einfach so auf. Ich glaube, dafür hat sie auch zu wenig Haare.

Sie überlegt sich sicher: »Was ist der Weg? Wie kriege ich mein Gedankenkarussell zum Stehen?« Und die Ideen, die sie dann entwickelt, setzt sie einfach um. Ihre Haare sind leider nicht besonders dick und kräftig. Es gibt ja auch Fotos, auf denen zu sehen ist, dass ihre Extensions rausfallen. Aber auch da steht sie zu sich und verbietet das Foto nicht. Sie bleibt sich treu und scheint zu sagen: »Ja, das ist so, das ist auch Leben.« Bei aller Kontrolliertheit hat sie dann natürlich auch mal Lust darauf, die Zügel zu lockern. Von Kate Moss kennt man die Fotos, auf denen sie ein verdächtig weißes Näschen hat. Wenn man so viel Bodenhaftung mitbringt, dann will man eben auch mal fliegen.

Der Steinbock-Mann

Der Steinbock-Mann gehört tatsächlich zu den Vertretern seines Geschlechts, die am häufigsten in den Spiegel gucken oder aber in Schaufensterscheiben. Er hat auch immer ein bisschen mehr Produkte in den Haaren als alle anderen, und checkt regelmäßig, ob seine Frisur noch genauso sitzt, wie er es will. Auch das ist natürlich ein Ritual, für das er sich dann irgendwann entschieden hat.

Rituale – wir erinnern uns! Vielleicht hat sich ein Steinbock-Mann mit zwölf oder dreizehn Jahren zum ersten Mal Gel in die Haare getan, als er sich das erste Mal für ein Mädchen interessiert hat. Es war dann möglicherweise ein bisschen mehr Gel als nötig, aber es wurde zur Routine. Er hat das nie wieder hinterfragt, diese Menge einfach beibehalten und es wurde im Laufe der Jahre mehr. Er hat sich also entschieden: Wenn ein Produkt, dann bitte immer wieder!

Man könnte denken, dass Steinböcke durch ihre Sturheit – Männer wie Frauen – ziemlich beratungsresistent sind. Und ja, natürlich sind sie das! Deshalb bleiben sie ihrem Friseur mitunter ja auch so lange treu, auch wenn dieser vermeintliche Friseur ihres Lebens nicht zwangsweise das Kreativ-Gen über dreißig Jahre kultiviert hat.

Es ist aber nicht so, dass ein Steinbock immer die gleiche Frisur will. Er variiert schon ein wenig in der Form. Aber häufig kennt er nur diese beiden Looks: Lang oder kurz.

Okay, die Steinböcke probieren auch gern mal ein bisschen was aus – aber eben nur ein bisschen, oder? Und muss das dann auch wirklich immer gut gearbeitet sein? Steinböcke haben zwar einen ganz klaren Blick für Qualität, jedoch bezieht der sich häufig auf bleibende materielle Werte und weniger auf die temporäre Erscheinung. Die Super-Rentenvorsorge und das teure Sideboard: Da ist der Steinbock dabei, auf seinem Kopf zählt Kontinuität – und die bitte bezahlbar.

Steinbock-Männer neigen häufig dazu, die klassischen Streichemacher zu sein. Gerade in der Kindheit. Hansi Kraus in *Die Lümmel von der ersten Bank* oder ähnliche Filme: Das ist ein typischer Charakterzug des Steinbocks trotz ihres Intellekts. Aber es betrifft hier vor allem die Steinbock-Männer. Irgendwo müssen den inneren Lümmel auch mal rauslassen.

Sie sind großartige Familienväter. Ich kenne einen ganz wunderbaren Steinbock-Vater mit einer bezaubernden Frau und entzückenden Kindern – eine Familie wie aus der Werbung, genau wie man sie sich wünscht. Mit einem Steinbock – egal ob Mann oder Frau – kannst du wirklich ein ganzes Leben lang eine werbewirksame Familie haben. Es ist einfach nur schön, da hinzugucken.

Prominente Steinbock-Männer

Bei Cary Grant sehen wir einen tiefen Scheitel. Er ist ein Gentleman der alten Schule. Das klingt natürlich jetzt ein bisschen abgedroschen, aber irgendwie war er doch der größte Gentleman ever. Die Haare waren immer gleich, egal in welcher Haarfarbe. Immer authentisch und immer seriös. Man weiß aber nicht, wie er am Set gewesen war. Ich könnte mir gut vorstellen, dass das nicht immer so einfach gelaufen ist. Es ist möglich, dass bei Cary Grant eine Menge Fassade gelebt wurde und dieser Mensch in Wirklichkeit recht schwierig war.

Jason Segel finde ich einfach nur wunderbar und ich liebe ihn in *How I Met Your Mother*. Es ist einfach enorm, wie viele

Filme er dann doch tatsächlich auch neben der Serie gedreht hat und wie viele Nacktauftritte dieser Akteur hatte. Ich meine, er zieht sich ja scheinbar in jedem Film komplett aus, oder?

Ich muss gestehen, diese sehr exhibitionistische Seite eines Steinbocks verstehe ich in diesem Fall nicht. Wahrscheinlich hat er einen Jungfrau-Aszendenten. Das würde irgendwie passen. Seine Haare trägt er mal ein bisschen länger, mal ein bisschen kürzer, immer irgendwie entspannt und immer mit möglichst viel Produkt. Vor diesem Mann ist wahrscheinlich nach wie vor kein Spiegel sicher. Alles, was reflektiert, in das guckt Jason Segel höchstwahrscheinlich rein. Ihn würde ich mir als Gast in meinem Laden wünschen und ich würde mir wünschen, dass er nie mehr geht. Ich bin einfach ein großer Fan dieser Serie und ich finde diesen Charakter ganz toll.

Über Orlando Bloom kann man nur sagen: Was für ein Mann! Lange Haare, kurze Haare, dicke Haare, dünne Haare ... Es sieht immer gut aus und hat auch immer irgendwas im Haar. Ich habe gelesen, dass Orlando Bloom japanischen Buddhismus praktiziert. Das wundert mich nicht. Steinböcke brauchen eben das Ritualisierte. Und im Buddhismus praktiziert man ja morgens und abends. Ein solches Ritual ist für den Steinbock wie das abendliche Duschen, bei dem er das Gel wieder aus dem Haar auswäscht. Orlando Bloom hat eine Vision, eine Idee vom Leben und die gibt er weiter. Religionen sind in der Regel Werkzeuge, das Leben aktiv anzugehen. Dass Bloom dazu steht, dass er dieses Werkzeug benutzt, ist ganz großartig.

DIE PERFEKTE FRISUR FÜR DEN STEINBOCK

Boblänge und Scheitel für die Frauen, klassische Schnitte für die Männer. Veränderungen ja, aber bitte die einge- fahrene Spur nicht allzu weit verlassen. Den Drang des Steinbocks zu Struktur, Beständigkeit, Präzision und Schnörkellosigkeit findet man auch bei seinen Frisuren wieder. Jedoch kann auch die zarteste Veränderung den Steinbock ein Stück weiter nach oben bringen.

Der Profi-Tipp für den Friseur

Mit dem Steinbock habt ihr wirklich den perfekten Stamm- kunden: Pflegt ihn, hegt ihn und bringt ihm langsam immer wieder neue Sachen bei. Denn wenn ihr die obligatorische Boblänge zehn Jahre lang geschnitten habt, darf es auch gern mal wieder länger sein!

WASSERMANN

21. Januar bis 19. Februar

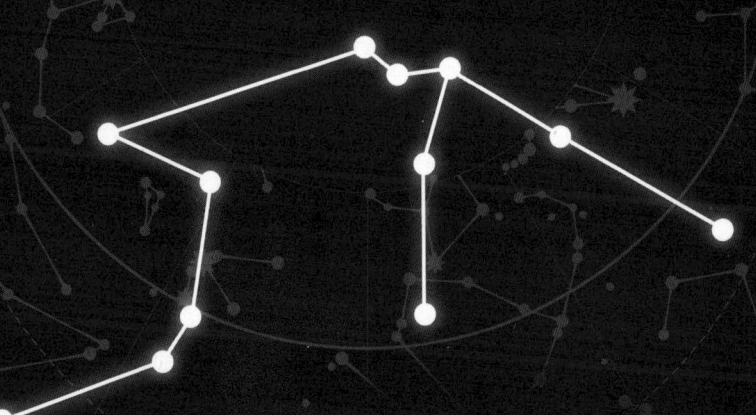

WASSERMANN

21. Januar bis 19. Februar

»Visionen«

Meine wundervolle Wassermann-Freundin Isabelle geht sehr ideenreich mit ihren Haaren um. Sie macht wunderschöne Mode und beruhigt ihre wilden, kreativen Entwürfe mit tollen grafischen Frisuren. Diese Frau ist frisch und hat das gewisse Etwas. Wenn man sich einen Schwall klaren, kühlen Wassers ins Gesicht schüttet – es ist dieser Frischekick, den ich sofort mit einem Wassermann verbinde.

Wenn ich mir Wassermann-Geborene anschaue, fallen mir an ihnen gleich die freien, schönen, attraktiven Charaktere auf. Ihre Schönheit ist nicht immer auf den ersten

Blick erkennbar, aber sie haben eben etwas ganz Eigenes, das da aus ihnen heraussprudelt. Das verleiht ihnen ihre einzigartige Anziehungskraft und macht sie unverwechselbar. Trotz dieser frischen Begeisterung geht der Wassermann handfest durchs Leben – und das im wörtlichen Sinne. Er ist ein sehr haptischer Mensch und erfährt die Welt hauptsächlich über den Tastsinn. Er muss die Dinge anfassen, anpacken.

Als Luftzeichen gehört er zu den Gestaltern und traut sich viele Dinge zu. Mutig beschreitet er neue Wege, erfindet die interessantesten Zukunftsmodelle. Das Leben mit einem Wassermann wird also nie langweilig. Er ist das visionärste unter den Luftzeichen. Wir finden ihn in vielen kreativen Berufen: Grafiker, Artdirektoren, Ingenieure, Radiomoderatoren, Verleger, Galeristen, Agenten und Zukunftsforscher. Die Kreativität läuft jedoch über den Kopf, über die Analyse. Es geht ihm ums Entdecken und Forschen. Deshalb ist er auch in den Wissenschaften ganz wunderbar aufgehoben. Es ist immer wieder erstaunlich, welche und wie viele Ideen er entwickelt und so ganz nebenbei auch einen neuen Trend in die Welt setzt. Der Wassermann fühlt den kommenden Zeitgeist, noch bevor er in der Luft liegt, und genießt die Entdeckungen, die er ganz spielerisch macht. Dabei ist er fix im Denken, schneller als so manch anderer.

Gleichzeitig ist Arbeit aber auch ein schwieriges Thema für dieses Zeichen: Wenn ein Wassermann – die Frauen vielleicht noch ein bisschen mehr als die Männer – zu viel arbeitet, dann könnte da ein Suchtthema als Gefahr lauern. Wassermänner und -frauen sind die klassischen Kandidaten, die ihren Stress mit Alkohol abzubauen versuchen oder mit Computerspielen oder aber mit Essen, mit Feiern – bis spät in die Nacht. Erstaunlicherweise sind sie aber am nächsten Morgen Punkt acht Uhr an ihrem Schreibtisch, an ihrem Reagenzglas oder vor ihrem Mikrofon. Das Verantwortungsgefühl ist stark ausgeprägt. Blaumachen? Gibt es nicht!

Wassermänner rauchen. Phasenweise. Und dann lassen sie es auch wieder sein. Manchmal ist ihnen die Gesundheit wichtiger und manchmal das Leben – und zum Leben gehören auch irgendwie Laster, sonst wäre es langweilig. So könnte jedenfalls das Motto lauten.

Als ich noch geraucht habe, habe ich gern mit einem nicht rauchenden Wassermann die obligatorische Zigarette des Jahres geraucht. Das ist Freiheit. Richtige Raucher sind meiner Meinung nach ja nicht frei. Aber der Wassermann, der in diesem Moment entscheidet, dass er raucht oder eben nicht, der ist es ganz sicher.

Der Wassermann ist eine äußerst kommunikative Persönlichkeit. Er führt Menschen zusammen. Von allen Zeichen ist es das Freieste: Wenn man den Begriff »Freiheit« einem Sternzeichen zuordnen müsste, wäre das auf jeden Fall der Wassermann. Umso wichtiger ist es, dass diese Freiheit wirklich gut und bewusst eingesetzt wird – sie darf also nicht zur Flucht werden.

Eine befreundete Astrologin hat mir das einmal mit einem Bild erklärt: Wassermann-Babys schauen ganz offen in die Welt und lieben erst einmal jeden. Dann aber schaut irgendjemand in die Wiege und schneidet aus einer schlechten Laune heraus eine Fratze. Der kleine Wassermann spürt ganz genau, wenn eine Liebkosung nicht echt ist – und ist vollkommen verstört. Er weiß nicht, was er damit anfangen soll und beginnt, sich zu verschließen. Hier haben die Wassermann-

Eltern eine Aufgabe, liebevoll entgegenzuwirken. Die Balance zwischen der Freiheit, die der Wassermann als Luftzeichen braucht, und dem liebevollen Nest zu Hause ist bestimmt nicht immer einfach mit dem kleinen Visionär, der schon im Kindesalter die fantastischsten Ideen hat, aber die heimisch Sicherheit als Rückendeckung braucht.

Eine besondere Faszination üben alle technischen Geräte auf Wassermänner aus. Wie auch der Zwilling hat er natürlich ein Handy, ein iPhone, ein iPad, immer den neusten Rechner und er weiß ganz genau, wie er damit umgeht.

Wassermänner sind meistens unglaublich belesen und wissen über alle aktuellen Nachrichten Bescheid. Man fragt sich manchmal verblüfft, woher sie diese Zeit nehmen. Es gibt Wassermänner, die alles, was sie an Informationen bekommen können, wie ein Schwamm aufsaugen, nicht nur Nachrichten, auch alles Grafische, Schöne und sogar Spirituelle. Sie kennen sich einfach mit allem aus – mit dem aktuell angelaufenen Film, den sie selbstverständlich schon gesehen haben, erklären, warum die Berliner Bäume von Motten befallen sind und fragen im nächsten Atemzug: »Und? Hast du den neuesten Paul Auster schon gelesen?« Sie wissen auch immer als erste, welcher Club gerade angesagt ist und welche Party demnächst steigt. Die neuesten hippen Locations, die neuesten Nachrichten – auch die Nachricht, dass das World Trade Center zerstört ist, habe ich von einem Wassermann bekommen.

Zur Handfestigkeit des Wassermanns gehört auch, dass er extrem hilfsbereit ist und mit anpackt, wo es nötig ist. Wenn es einen Schrank zu tragen gibt und ich bitte um Hilfe, dann macht er das möglich. Bei praktischen Dingen ist er zur Stelle. Falls ich mal krank wäre, würde ich einen Wassermann anrufen. Man darf zwar nicht davon ausgehen, dass er jedes Mal kommt und sich die ganze Woche um einen kümmert. Dazu fehlt ihm die Ausdauer. Aber im konkreten Ernstfall kann man sich auf ihn verlassen. Wenn man mit einer Erkältung im Bett liegt und der Kühlschrank leer ist, dann kann man darauf wetten, dass die Extradosis Vitamin C schon in seinem Einkaufskorb liegt. Er denkt eben voraus.

Mit Begeisterung Neues beginnen, dieses dann aber nicht zu Ende bringen – das ist ganz typisch für den Wassermann. Da wird zum Beispiel für einen simplen Schal die teure Kaschmirwolle für dreihundert Euro gekauft, weil alles andere kratzt. Da werden mit großem Elan Strickmuster besorgt und der Schal wird begonnen, doch beim zweiten oder dritten Knäuel liegen die Nadeln schon wieder einsam im Korb. Das gute Stück wird also nie fertig. Vielleicht verschenkt er das angefangene Projekt dann einfach an jemanden, der es gern vollendet. Luftzeichen kriegen das nicht immer unbedingt hin, denn auf der Hobby-Ebene fehlt der ausdauernde Ehrgeiz. Für viele Wassermänner könnte die Malerei beispielsweise viel zu anstrengend sein. Vielleicht wäre dann die Fotografie das optimale Medium, um sich visuell auszudrücken.

Es ist sehr inspirierend, zu beobachten, wie der Wassermann mit Zielen umgeht: Wenn er eine Idee von etwas hat, dann findet er auch einen Weg dorthin. Andere Zeichen brauchen Zeit für ausgeklügelte Strategien, um zu überdenken, wie sie es machen wollen, um es zu kalkulieren und zu sehen, ob dieser Weg dann aufgeht. Der blitzgescheite Wassermann ist in dieser Hinsicht ganz fix und hat alles innerhalb kurzer Zeit komplett analysiert. Es kann zum Beispiel sein, dass er ein weißes Blatt Papier vor sich liegen hat, einen Stift und zehn Zahlen und überlegt, ob er ein Geschäft eröffnen soll. Innerhalb von zehn Minuten hat er das alles ausgerechnet und weiß genau, wie es geht – oder wie es nicht geht. Umgehend trifft er dann auch seine Entscheidung. Er setzt dieses Projekt um oder er lässt es, weil es wenige Aussichten auf Erfolg hat oder räumt die Widerstände aus dem Weg, die den Erfolg verhindern.

Der Wassermann sollte sich unbedingt darum kümmern, dass er ausreichend Zeit für sich selbst hat. Denn er muss sich frei fühlen. Wenn er nicht frei ist, trifft er keine freien Entscheidungen. Leider wird der Frust dann auch schon mal an den Haaren ausgelassen. Jeder hat ja schließlich eine kleine Schere zu Hause. Ich denke, es gibt keinen Wassermann, der nicht schon mal selbst Hand an seine eigenen Haare angelegt hat. Visionäre Kreativität drückt sich eben in allem aus.

Wassermänner sind für mich persönlich so etwas wie die kleinen Engel des Alltags, die ihren Platz in dieser Welt mehr als verdient haben. Und bitte, bitte, bitte: Schenkt ihnen von Anfang an furchtbar viel Liebe, denn nur dann können sie wirklich ihre Flügel ausbreiten und sich entfalten.

Der Wassermann unter der Schere

Ein Wassermann braucht in seinem Friseur ein starkes Gegenüber, das ihm konkrete Vorschläge macht und diese selbstbewusst vertreten kann. Seine Ideen müssen klar, spielerisch und absolut passend sein und vor allem immer ganz nah am Zeitgeist. Wenn ein Wassermann in meinen Laden kommt, weiß er über alle aktuellen Trends Bescheid. Er will aber nicht das, was andere schon auf dem Kopf haben, sondern das, was morgen kommt. Er will auch hier schon in der Entwicklung dabei sein. Er findet es ganz wunderbar, kompetent beraten zu werden. Zeitgeist entsteht ja auch nicht aus dem Nichts heraus, sondern über den Dialog, über das Wohlfühlen und Gesehenwerden – also darüber, die eigene Persönlichkeit in der Zeit, in der sie lebt, zu interpretieren.

So wie er die Liebe braucht, um sich entfalten zu können, braucht er – kommunikativ, wie er eben ist, und vielleicht sogar stärker als jeder andere – das persönliche Gespräch. Nicht nur mit seinem Friseur. Er will auch wissen: Was ist das für ein Mensch, der mir gerade die Haare schneidet? Was macht ihn aus und warum versteht er sein Handwerk? Das interessiert ihn. Geplapper braucht er nicht, er will aber verstehen, mit wem er es zu tun hat. Das gilt auch für andere Lebenssituationen: Er muss sie immer intellektuell erfassen können.

Wassermänner haben nur zu besonderen Anlässen genug Geduld, um ihre Haare perfekt zu stylen. Wenn sie etwas Schönes vorhaben, dann nehmen sie sich auch die Zeit, um sich zehn Bürsten einzudrehen. Im täglichen Leben kommt das für sie gar nicht infrage. Darauf haben sie gar keine Lust, denn das wäre zu viel Aufwand. Doch genau der lohnt sich, denn sie sehen einfach umwerfend aus. Deshalb gehen einige Wassermann-Frauen auch ganz gern nur zum Föhnen zum Friseur. Das ist einerseits praktisch und andererseits etwas, das sie sich einfach mal gönnen, und zwar spontan. Ein Salon, in dem man lange im Voraus einen Termin zum Föhnen machen muss, ist eher nichts für den Wassermann. Wenn er sich entscheidet, dass seine Haare geschnitten werden müssen, dann am liebsten sofort. Die Idee von sich, die in seinem Kopf entstanden ist, soll sofort umgesetzt werden. Wenn er die Geduld aufbringen muss, länger auf einen Termin zu warten, dann tut er das in der Regel für einen Friseur, der sehr viel Zeitgeist mitbringt, bei dem er sich erkannt und gesehen fühlt.

Ich kenne Wassermänner, die ihrer Frisur treu geblieben sind, und das seit den neunziger, manchmal sogar seit den achtziger Jahren. Für Menschen, die sonst Trends aufspüren und auch für alles Neue zu begeistern sind, scheint das unlogisch. Trotzdem ist er erst einmal schwer davon abzubringen, weil er sich völlig mit dem geistigen Bild von sich identifiziert. Ich kann nur sagen: Friseure dieser Welt, erklärt dem Wassermann ganz genau, was ihr arbeiten wollt und warum. Sagt es, erklärt es, zeichnet es auf – immer und immer wieder, bis er sich darauf einlässt, weil er es intellektuell verstanden hat. Auch für den Wassermann gilt: Sind die Verletzungen im Gestern zu groß – wir denken an den kleinen Wassermann in der Wiege –, dann kann es unter Umständen eine Weile dauern, bis er seinen Platz in der Zeit, in der er lebt, gefunden hat. Es müssen keine Dauerwellen oder Pagenköpfe mehr sein. Wir wollen doch mitgenommen werden von diesem visionärsten aller Zeichen!

Unter meinen Gästen sind Wassermänner, die zehn Jahre von mir regelmäßig die Haare geschnitten bekommen haben. Plötzlich kommt der eine oder die andere nicht mehr, ohne Erklärung oder einen Abschiedsgruß. Zufällig trifft man sich dann auf der Straße und die Aussage ist ganz simpel:

»Das hat überhaupt nichts mit dir zu tun. Ich brauchte mal etwas anderes, es musste ganz schnell gehen und in der Nähe sein. Bei euch hätte ich auf einen Termin warten müssen.« Das mag sein und selbstverständlich hat jeder das Recht, zu einem anderen Friseur zu gehen, wann immer er mag. Doch mit der Zeit ist man ein Stück weit einen Weg gemeinsam gegangen und es ist eine Bindung entstanden – so eine kleine »Friseurfreundschaft« eben, in der man viel voneinander erfahren hat. Denn der Wassermann erzählt etwas und hat etwas zu erzählen. Er ist eben das kommunikativste aller Zeichen, Kommunikation ist sein Lebensantrieb. Deshalb führt er ja auch Menschen zusammen. Auf diese Weise lebt er für sich selbst seine Freiheit: indem er viele unterschiedliche Menschen auf ihrem Lebensweg ein Stückchen begleitet. So kann es passieren, dass er sich kurzfristig aus einer Beziehung löst, sei es mit dem eigenen Freund oder eben dem Friseur. Und das ist für das Gegenüber mehr als schade, denn man genießt die Zeit mit diesen charmanten visionären kleinen Engeln des Alltags.

Und in der Liebe? Da kann man bei einigen Wassermännern ein ähnliches Muster finden. Sind die anfänglichen Schmetterlingsgefühle abgeflaut und der Liebesalltag scheint plötzlich weniger spannend, dann kommt beim Wassermann leicht das Luftelement durch und er schnuppert auch mal woanders – auch wenn er hohe moralische Bedenken hat, er erfasst es ja schließlich vollkommen mit dem Intellekt. Aber mal ehrlich: Einen Seitensprung intellektuell zu erklären, ist meiner Meinung nach nicht besonders smart. Wohlgemerkt: Das gilt nicht für alle Wassermänner.

Die Wassermann-Frau

Für mich ist der Wassermann-Haarschnitt schlechthin der kurze Cut, den Sally Hershberger in den neunziger Jahren für Meg Ryan kreiert hat. Das ist der grandiose »Choppy Cut« mit seinen nach außen springenden Endungen, die die luftdurchlässige Leichtigkeit unterstützen. Er verführt geradezu dazu, immer mal wieder mit den Händen durchzugehen.

Mir fällt immer auf, dass sich viele Wassermann-Frauen anscheinend vor einem kurzen Pony gruseln – also alles, was über den Augenbrauen endet. Schon die Idee macht ihnen Angst. Wenn sie dann aber einen kurzen Pony tragen, dann verstehen sie die Idee dahinter, erkennen den Trend und akzeptieren, dass es optisch eine Streckung des Gesichts bewirkt, als Ausgleich zum Beispiel für einen kräftigen Kieferknochen. Der Pony ist für den Wassermann ein geradezu spektakuläres Thema. Inzwischen habe ich das begriffen, doch bis dahin war es mitunter auch für mich ein kleiner Leidensweg. Ich habe so viele Diskussionen zu diesem Thema geführt und es so lange nicht verstanden. Die Wassermann-Frau fühlt sich häufig einfach wohler, wenn etwas die Denkerstirn bedeckt. Schließlich tragen sie ihren Intellekt ja nicht zur Schau.

Einige Wassermann-Frauen tragen ihre Haare lang weil sie denken, dass das den unschlagbaren Vorteil hat, weil sie morgens weniger Zeit brauchen. Sie müssen es dann auch nicht unbedingt täglich shampoonieren und genießen die Freiheit, dass alles ganz schnell geht. Doch auch lange Haare brauchen einen sehr guten Schnitt und sie sind nicht ganz so unkompliziert, wie es vielleicht scheint. Auch der Wassermann bringt ja schließlich ein Innenleben mit, das sich über die Struktur und Fülle seiner Haare ausdrückt.

Prominente
Wassermann-Frauen

Jennifer Aniston ist eine faszinierende Wassermann-Frau. Endlich ist ihr Blond nicht mehr rötlich gefärbt, nicht mehr so warm, sondern matter und aschiger – das war eine gute Entscheidung! Diese Frau ist nicht nur wunderschön, sondern sie ist auch eine großartige Persönlichkeit, ein Kumpeltyp, freigeistig und zugleich sexy. Sie hat ein offenes, sympathisches Gesicht und schöne Haare – lang und ohne Pony. Bei diesen Haaren macht es einfach Spaß, hinzugucken. Das ist natürlich Wassermann-like: immer nett gesträhnt. Strähnen können durchaus mal eine interessante Abwechslung sein, aber auf Dauer gefällt es mir nicht, wenn Sie mich fragen.

Trotz ihres sehr amerikanischen Outfits hat sie ein nordisches Gesicht. Auch das passt zum Wassermann. Die Frauen in diesem Zeichen entsprechen oft den skandinavischen Frauentypen – als wären sie gerade frisch aus der Nord- oder Ostsee entsprungen. Das ist für mich die Wassermann-Frau. Die Nixe. Absolut klasse.

Zur Freiheitsmentalität passt auch die recht undramatische Trennung, so wie damals von Brad Pitt. In dieser Schütze-Wassermann-Beziehung kommt dieser Zug beider Zeichen zum Tragen: zunächst sehr harmonisch, denn in puncto Zwanglosigkeit versteht man sich schließlich. Aber wenn es nicht mehr läuft – so what? Auch den öffentlichen Druck, endlich eine schwangere Jen in der Yellow Press zu sehen, scheint sie selbst am entspanntesten zu nehmen. Es ist ihr Leben, es ist ihre Freiheit.

Wassermänner sind unglaublich. Ach und übrigens: Jennifer Aniston hätte vielleicht nicht diesen Wahnsinnskörper, wenn sie nicht so hart dafür arbeiten würde, ihn so schlank und knackig zu halten.

Zugegeben, es ist das Los vieler Frauen, insbesondere ab einem gewissen Alter, das Gewicht zu halten, und einige haben ohnehin eine Veranlagung dazu, was sie aber eben auch ausmacht. Oprah Winfrey zum Beispiel verkörpert gerade durch ihre Gestalt auch sehr viel Kraft. Als Wassermann-Frau ist sie auch prädestiniert dafür, schneller zuzunehmen als andere Zeichen. Trotz vieler Bemühungen mit angeblich perfekten Diäten, und obwohl man immer wieder Erfolge sieht, kehrt sie zu ihrem Gewicht und ihrem Körper zurück. Und sie sieht toll aus! Auch sie hat diese Frische-Ausstrahlung gepaart mit Klugheit, Selbstständigkeit, Eigensinn, Mut und Tatkraft. Wie war das noch gleich? Wassermänner scheinen einfach über alles Bescheid zu wissen. Sofort muss man an ihre Talkshow denken. Sie weiß so viel über ihre Gäste, dass sie sich ganz souverän durch die Themen fragen kann. Neben ihrer Show macht sie als geniale Geschäftsfrau ihr Geld zu noch mehr Geld, zum Beispiel mit Immobilien.

Oprah Winfrey hat afroamerikanisches Haar und das bedeutet, dass man andere Möglichkeiten hat. Ich denke, dass sie mit Haarteilen arbeitet, das geht bei dieser Haarstruktur sehr gut und es passt auch gut zu ihr. Sie wagt etwas, probiert aus – und sicher freut sie sich, wenn ihr Stylist an der Tür klingelt und zum täglichen Haareföhnen vorbeikommt.

Der Wassermann-Mann

Für mich ist der Wassermann-Mann wie gesagt der personifizierte kleine Engel des Alltags. Man trifft ihn, man fühlt sich gleich wohl in seiner Nähe. Er ist witzig, charmant und wahnsinnig belesen, fast schon allwissend. Dem Smartphone sei Dank: Alles, was der Wassermann nicht weiß, wird sofort gegoogelt. Ich weiß nicht, wie er es macht, aber ich denke, er vergisst nichts. Er ist ein wandelndes Lexikon. Er bleibt für mich ein ewiges Rätsel.

Der Wassermann berührt dich nicht in der Tiefe, er kümmert sich um deine Hülle. Er nimmt dich in den Arm, tätschelt deinen Kopf und deine Schulter. Im Gespräch sucht er immer die körperliche Nähe, für ihn ist es spielerisch und freundschaftlich, fast kindlich-naiv.

Seine Frisur muss vor allem wandelbar sein. Es darf auf keinen Fall langweilig oder austauschbar wirken. Im Salon fällt mir auf, wie sehr die Wassermänner eine Kopfmassage genießen. Der Widder zum Beispiel mag das gar nicht, er will am liebsten so schnell wie möglich weg vom Becken. Im Gegensatz dazu lehnt sich der Wassermann entspannt zurück und schwelgt in seiner Entspannung. Als Luftelement taucht er aber nicht völlig ab, so wie er eben auch nicht zu den Tiefen seiner Möglichkeiten hinabtaucht. Etwas bleibt immer an der Oberfläche – ein Luftzeichen eben. So schläft er zum Beispiel bei der Haarwäsche, während der Massage im Becken liegend, nicht ein. Er begibt sich nicht mal in einen kurzen Alpha-zustand, sondern bleibt aufmerksam im Hier und Jetzt. Kommt ein neuer Gast herein, den er kennt, dann bemerkt er es, schlägt die Augen auf und begrüßt ihn. Auch hier Kommunikation auf allen Ebenen, in allen Lebenslagen.

Bei ihm bedarf es keiner Mühe, Gespräche wieder aufzu-nehmen, wo sie zuletzt aufgehört haben. Mit dem Wasser-mann ist man fast wörtlich immer im Fluss. Zum Glück ist er auch nicht nachtragend. Sollte es mal einen Streit oder eine Unstimmigkeit gegeben haben, vergisst er alles Unangenehme an dem Gespräch, weil er sich damit nicht aufhalten will. So hat die mitunter fehlende emotionale Tiefe hier ihre Vorteile.

Wassermann-Männer haben häufig einen starken Sammeltrieb, ebenso wie das Luftzeichen Zwillinge. Beim Wassermann sind es oft Zeugnisse der Vergangenheit, zum Beispiel Zeitungen oder alte Filme. Es ist nicht untypisch für einen Wassermann, dass er alle *Bravo*-Ausgaben der ersten zehn Jahre besitzt oder alle *Micky-Maus*-Hefte. Selbst Tages-zeitungen sind nicht vor ihm sicher. Der Wassermann versenkt sich dann in die Grafik, in die Schrift, in die Form, in alles, was sein Sammelobjekt analysierbar macht. Das ist es, was ihn fasziniert. Luftzeichen sind wie gesagt in ihren Empfindungen nicht so tief, oder vielleicht anders tief. Ihnen geht es eher darum, etwas intellektuell zu erfassen. Selbst das Fühlen wird analysiert. Es wird gelebt, es ist aufregend und es ist schön – aber es wird analysiert.

Ich kenne einen Wassermann, der in einem kleinen Dorf lebt. Dort leitet er eine dialektische Laienspielgruppe und spielt manchmal auch selbst mit, häufiger führt er aber Regie. Vermutlich war dieser Verein – visionär wie dieser Mann ist – auch seine Idee. Ich denke, er ist noch in weiteren Vereinen anzutreffen: Musikverein, Schützenverein, Freiwillige Feuerwehr, Sportverein – alles, was das Landleben bietet. Denn wie alle Wassermänner braucht er es eben, mit Menschen zusammen zu sein, er braucht die Kommunikation und natürlich die Möglichkeit, seine Vision umzusetzen. Und das ist natürlich gebunden an die Menschen in seiner Umgebung. Allein kommen Wassermänner wahrscheinlich nur temporär klar.

Nicht selten ist der Wassermann in seiner Jugend eine Art Klassenliebling, vielleicht auch Klassenclown – im allerbesten Sinne: Weil er von Anfang an seinen Witz liebevoll und charmant einsetzt. Häufig muss er, wie alle Luftzeichen, in seiner Schulzeit nicht allzu viel tun. Er hat ein grafisches Verständnis und so fällt ihm das Lernen in der Regel leicht.

Prominente
Wassermann-Männer

Als Freigeist, der seine eigenen Entscheidungen trifft und sich nicht um Konventionen schert, ist Ashton Kutcher für mich ein typischer männlicher Vertreter dieses Zeichens. Mit seiner Wahl einer deutlich älteren Frau kümmerte er sich nicht um die öffentliche Meinung. Interessanterweise erfuhr man von dieser Konstellation dann immer öfter. Auch er ein Trendsetter?

Ich halte ihn auch wirklich für einen sehr besonderen, charismatischen und sehr sympathischen Typen. Seine Karriere hat er meiner Meinung nach nicht groß geplant. Der Wassermann entfaltet sich einfach ganz frei und lässt sich treiben und ist dabei auch noch ein kluger Geschäftsmann. So hat Ashton Kutcher sehr viel Geld in Internetideen und in soziale Projekte, in junge Firmen gesteckt, die er unterstützen will. Ganz typisch Wassermann: Ein Vorreiter und Visionär!

Ashtons Haare sind auch großartig und verführerisch – mal ein bisschen länger, mal ein bisschen kürzer. Auch sein Look hat diese fluffige Luftigkeit, die man verwuscheln möchte. Vor einiger Zeit hatte er mal diesen Siebziger-Jahre-Style, sich dann aber wieder Richtung Dandy entschieden. Er spielt damit. Wassermänner ähneln da den Schützen, die auch gern unterschiedliche Looks ausprobieren. Sie unterscheiden sich aber darin, dass der Wassermann weniger eitel ist. Er legt natürlich auch Wert auf sein Äußeres und will gut aussehen. Noch wichtiger ist aber dabei: Das ist neu.

Ashton Kutcher und Robbie Williams sind nicht nur schöne Männer, sondern haben auch attraktive Körper, die sie uns in ihrer Freigeisterart zum Glück auch gern mal zeigen. Wassermänner haben kein Problem damit, sich auszuziehen – nicht aus Narzissmus, sondern aus einer Clownerie heraus, aus Spaß.

Robbie Williams ist ein Paket voller Überraschungen mit vielen Lebenswendungen, Höhen und Tiefen und überrascht uns nun als liebevoller Papa. In seiner Musik hat er sich spielerisch ausprobiert und bezauberte uns zuletzt mit seinen Swing-Projekten.

Und werden Wassermänner nicht auch im Karnevalsmonat geboren? Es ist die Zeit des Faschings, der Narrenfreiheit, in der man sich ungezwungen und hemmungslos austoben darf.

Auch bei seinen Haaren hat er extrem viel ausprobiert. Sie sind immer zeitgeistig, dabei aber klassisch und gleichzeitig verspielt. Das ist einfach eine tolle Mischung und es macht Spaß, die Wandelbarkeit zu erleben. Es ist erstaunlich, welche Vielfalt sich aus kurzen Haaren herausholen lässt. Sein Friseur ist da sehr kreativ und weiß, was er tut.

Justin Timberlake ist ebenfalls Wassermann und auch zu ihm würde ein Swing-Album passen. Justin Timberlake wirkt auf mich – genau wie Ashton Kutcher und Robbie Williams – neu und frisch. Egal wie alt der Wassermann ist, er behält in der Regel seine Jugendlichkeit. Alle drei Männer verkörpern einen aktuellen Zeitgeist, auch Robbie Williams als Ältester von ihnen. Warum auch nicht? Jugendlichkeit ist schließlich keine Frage des Alters.

Mit Jessica Biel bildet Justin Timberlake ein ganz starkes Paar. Obwohl ich persönlich den Begriff »Powerpaar« nicht so gern mag, passt er zu den beiden, weil sie etwas sehr Verbindliches ausstrahlen – im allerbesten Sinne und auch ganz modern.

Wenn man sich Bilder aus der Vergangenheit von ihm anschaut, sieht man erstaunlicherweise nicht sehr viele verschiedene Frisuren. Manche Haare geben eine große Bandbreite an Gestaltung her oder eben Berufe. Für Künstler, sofern sie nicht auf eine Rolle festgeschrieben sind, gilt dies aber eigentlich nicht. Justin Timberlake hat schöne Haare, das erkennt man auf den ersten Blick. Als Kind und Teenager hatte er Locken, und ich gehe davon aus, dass er die heute noch hat und sie nun glättet. Seine Looks sind Geschmackssache. Auch für Locken gilt: Man mag sie oder man mag sie nicht. Ich persönlich finde Locken wunderbar, allerdings weiß ich aus Erfahrung: Wenn Locken, dann bitte auf keinen Fall im Nacken kurz halten! Unten kurz und oben Locken – das finde ich nicht gut und schon gar nicht zeitgeistig. Tragt die Wellen überall, das ist wunderschön! Aber im Fall von Justin Timberlake finde ich, dass ihm die glatten Haare wirklich viel besser stehen.

An dieser Stelle möchte ich einen Tipp für alle Sternzeichen geben: Zum Thema Glätten kann ich nur raten, dass man sich da sehr gut beraten lassen sollte. Neben dem Glätteisen gibt es Möglichkeiten, das Haar chemisch zu behandeln. In Deutschland hat man leider nicht so viel Erfahrung mit dem Straighten, deshalb sollte man sehr genau darauf achten, in wessen Hände man sich begibt.

DIE PERFEKTE FRISUR FÜR DEN WASSERMANN

Für Wassermann-Frauen wie auch -Männer gilt: Die Frisur sollte praktisch und unkompliziert sein, aber immer am Zeitgeist, extravagant bis exzentrisch, dann wieder natürlich, frisch und luftig. Die Wassermann-Geborenen überraschen gern mit ihrem Look. Und: Langes Haar für die Frauen, aber den Pony nicht zu kurz!

Profi-Tipp für den Friseur

Fangt Inspirationen auf der Straße ein, bevor sie Trend werden. Der Wassermann wird euch hierfür lieben! Kommunikation ist alles. Also redet mit dem Wassermann. Er interessiert sich wirklich für euch.

FISCHE

20. Februar bis 20. März

FISCHE

20. Februar bis 20. März

»Twelve-in-one«

Die Fische stehen am Ende des astrologischen Rades und man sagt, dass sie alle zwölf Sternzeichen in sich vereinen. Das klingt ganz schön mystisch, oder? Vielleicht macht ja gerade das Fische-Menschen so faszinierend. Egal was sie tun: Auf der Gefühlsebene gibt es für sie nur »ganz« oder »gar nicht«, »ganz oben« oder »ganz unten«. Jedoch vergisst man bei den Fischen schnell, dass sie zwar diese zwölf Facetten haben, dennoch gehören sie nach wie vor zu den Wasserzeichen und so wie ihre Geschwister Krebs und Skorpion besitzen sie die Fähigkeit, mitzuschwingen: Sie können Emotionen von anderen aufnehmen und sich darauf einstellen.

Ich hatte einmal eine Heilpraktikerin, die im Sternzeichen Fische geboren war. Mir fällt auf, dass recht viele Fische in heilenden Berufen jeglicher Art tätig sind. Das passt zu ihrer Naturverbundenheit. Hier finden wir den Rückzug in die Natur als natürliche Gegebenheit, um dem Einsamkeitsdrang der Fische zu entsprechen. Dieses Zeichen ist zwar gern allein, aber es braucht durchaus Menschen, die für es da sind. Genauso, wie es die bunten Lichter der Großstadt braucht.

Häufig spüren Fische-Menschen sehr genau, wenn es jemandem in ihrem Umfeld nicht gut geht. Das können auch fremde Menschen sein. Diese Fähigkeit ist eine ganz große Stärke. Ein Fische-Mensch kann jemanden auf der Straße treffen, den er nicht kennt, und in dem Moment genau wissen: »Ich spreche ihn jetzt an, der braucht mich jetzt.« Anders als beim Krebs, der aus der Situation heraus an bestimmten Anzeichen erkennt, dass jemand Unterstützung sucht, spüren die Fische die Not sofort. Das ist wunderbar! Was für eine großartige Gabe ist das bitte?

Der Fische-Mensch ist für andere da, er kümmert sich wirklich – liebevoll, intensiv und warmherzig. Wahrscheinlich macht diese Intensität ihn zum tiefgründigsten Zeichen von allen. Aber: Drehst du diesen Fischen den Rücken zu, kann es von einem Moment zum nächsten umschlagen und alles plötzlich ganz anders aussehen.

Wie passt das alles zusammen? Auf der einen Seite spüren sie Menschen in Not auf, auf der anderen Seite senden sie häufig widersprüchliche, verquere, irreführende Signale aus. Was ist das für ein Mensch, der in sich so stark polarisiert, dass wir ihn, wenn überhaupt, häufig erst nach einer Weile verstehen?

Natürlich scheitern Fische auch im Leben, was schade ist, weil sie eigentlich das volle Potenzial haben – sollte man meinen. Wer diese ganzen genialen Eigenschaften der zwölf Sternzeichen in sich vereint, der hat doch wahrscheinlich mehr Potenzial als alle anderen? Für mich klingt das logisch. Aber wie viel Zerrissenheit steckt in einem Menschen, der alles in sich trägt, der in jeder Lage entscheiden kann, welche positiven wie negativen Eigenschaften von allen Zeichen er gerade umsetzt. Die Fische eben – die pralle Füllung!

Interessant ist, dass Fische häufig erst recht spät beruflich wirklich Fuß fassen. In jungen Jahren, aber auch in späteren, wenn sie den Absprung nicht geschafft haben, finden wir unglaublich viele Fische als Statisten beim Theater oder auch beim Film, Hotelboys, Kellner oder aber als Aushilfe im Gemüseladen.

In dem Roman *Ein Regenschirm für diesen Tag* von Wilhelm Genazino arbeitet ein Mann als Probeläufer für Luxushalbschuhe und streift deshalb den ganzen Tag durch die Stadt. Eines Tages trifft er auf dem Flohmarkt eine Frau und plötzlich ändert er sein ganzes Leben! Bei diesem Mann denke ich immer, dass er Fische sein muss. Denn das kann dieses Sternzeichen gut: Es erkennt eine neue Chance, ergreift sie und das Alte ist dann auch einfach weg, es ist von einer Sekunde zur nächsten vorbei. Wie viele Momente gibt es schon, in denen jemand bereit ist, sein Leben zu verändern? Ein Fische-Geborener erkennt sie und im richtigen Lebenszustand ergreift er die Chance und ändert wirklich alles.

Vielleicht können sie sich deshalb häufig nicht entscheiden, vor allem in jungen Jahren. Und wenn sie sich entschieden haben, führen sie Dinge nicht zu Ende. Das kann eine Ausbildung sein, ein Studium, eine Liebe, eine Liebesnacht oder auch eine Essenseinladung – sie stehen plötzlich auf und gehen, vielleicht weil gerade am Tisch etwas gesagt wurde, das ihnen nicht gefällt. Das kann alles Mögliche sein. Sie machen den endgültigen Schritt einfach nicht – bei keinem Zeichen fällt mir das so stark auf wie bei den Fischen. Immer wieder treffe ich junge Fische, die ein Studium nur für ein Jahr gemacht und dann einfach abgebrochen haben. Es tut ihnen durchaus weh, sie trauern auch – mitunter trauern sie in irgendeiner Form ihr ganzes Leben wegen ihrer vergebenen Möglichkeiten. Aber da ist dieser innere Drang: Sie haben Angst, zu versagen, gleichzeitig möchten sie sich dieser Angst vielleicht auch stellen: Die Fülle an Möglichkeiten, die das Leben ja noch für sie in petto hat, hält sie jedoch davon ab. Also werden Versagensängste durch die Fülle an Möglichkeiten zur Seite geschoben. Und nach vier, fünf Anläufen in den kommenden Jahren erholen sie sich eben immer wieder. Ich wünsche mir für Fische-Menschen vor allem, dass sie ihre einzigartige Vielfältigkeit annehmen und sie kein schlechtes Gewissen mehr haben. Ein Mensch mit allen Eigenschaften muss sich im Leben nicht festlegen.

Und doch finden sich auch Menschen mit einem geraden Lebensweg unter den Fischen. Sie haben sich lediglich irgendwann für diesen Weg entschieden. Die Vielfalt lässt auch das zu. Das mag vielleicht ein bisschen platt klingen, aber Vielfalt lässt sich nun mal nicht anders erklären als durch Fülle.

Die Fische-Frau Ilse Biberti ist erst vor Kurzem in mein Leben gepurzelt. Sie kam nach einem Friseurunfall zu mir in den

Salon. Eine gemeinsame Freundin hatte mich ihr empfohlen. Wir haben uns so festgeredet, dass wir nach dem Termin noch bis spät in die Nacht zusammensaßen und sogar erst am nächsten Nachmittag wieder auseinandergingen. Eine Fische-Frau ist eben spontan, mitreißend intensiv und neugierig auf ihr Gegenüber.

Ilse ist charmant, schlagfertig und ich bin hingerissen von ihrem Humor. Sie ist eine waschechte Berlinerin und ein wahres Multitalent: Drehbuchautorin, Produzentin, Regisseurin, Schauspielerin und jetzt Bestsellerautorin. Wir erinnern uns: Fische sind immer zwölf. Der Fisch kann sich entscheiden, welche Anlagen er ausbauen will. Das hat er allen anderen Sternzeichen wirklich voraus.

Wer heute um die Dreißig ist, kennt Ilse Biberti sicher aus der *Sesamstraße*, in der sie in mehr als zweihundertzwanzig Folgen die Ilse neben Samson und Tiffy war. Schon mit drei Jahren saß sie zum ersten Mal im Theater und war fortan eine treue Zuschauerin. Auch das ist Fische-typisch. Schon in ganz jungen Jahren ist der Fische-Geborene ein dankbarer Beobachter, der alles, was er sieht, aufnimmt und analysiert. Schon im frühen Alter von zwölf Jahren fing Ilse sogar an, privaten Schauspielunterricht zu nehmen. Sie wollte herausfinden, warum Menschen in einer bestimmten Weise auf etwas reagieren, warum sie vorgeben, etwas zu sein, das sie nicht sind, aber vor allem wollte sie wissen: Gibt es einen Schlüssel, um das zu erkennen? Merkt man, ob man gerade die Wahrheit erzählt bekommt oder eben nicht?

Neben ihrer Schauspielerei durchlief sie als Hospitantin und Assistentin alle Abteilungen eines Fernsehteams und studierte schließlich Theaterwissenschaft, Publizistik und

Politologie, bevor sie selbst hinter die Kamera trat. Sie sagt über sich als Fische-Frau: »Ich kenne keine Grenzen. Ich kann wirklich überall glücklich sein.« Sie genießt das Abenteuer, sich selbst, und das, was sie jetzt ist, in jedem Moment, in jedem Jahrzehnt, neu kennenzulernen. Nicht ohne Grund war sie ja Schauspielerin geworden, in dem Gedanken, dass es dort erlaubt ist, in den verschiedensten Rollen mit der Vielfältigkeit des Seins zu experimentieren. Jedoch hat sie mit dem Bewusstsein einer Fische-Frau im Laufe ihres Lebens gemerkt, dass es egal ist, ob sie Schauspielerin ist oder nicht. Wie jeder Fische-Geborene ist auch sie immer und überall im Wandel. Um es mit Rilke zu sagen: »Was, wenn Verwandlung nicht, ist dein drängender Auftrag ...«

Ilse Biberti lebt das Mitschwingende einer Fische-Frau, jedoch nicht ohne Logik. Sie verfügt über die Fähigkeit, ihr Gegenüber tief und durchdringend zu erfassen und sich selbst zu fragen, wer diese Person ist und was sie in ihr auslöst – und mit der Erkenntnis daraus zu spielen. Denn sie will die tiefsten Schichten eines Menschen erfassen. Für einen Fische-Geborenen wie sie ist ein Mensch stets jemand, bei dem sie alle Facetten genau begreifen möchte. Natürlich interessieren sich Fische auch für die Abgründe, die sogenannten Schattenseiten eines Charakters. Denn wie soll man einen Menschen erfassen, wenn man nur eine Seite kennt? Sie selbst möchten aber ein Geheimnis bleiben. Für die Fische gibt es zwölf Seiten zu entdecken: an den anderen elf Sternzeichen und eben alle Zeichen in sich selbst. Ilse fasst das so zusammen: »Einen Morgen bin ich ein Guppy, mittags vielleicht ein Piranha und abends ein Goldfisch, ich wechsle die Auswahl täglich am liebsten dreihundertfünfundsechzig Tage im Jahr.«

Sie lebt nach dem Leitspruch: »Alles ist möglich. Immer.« Wenn ihr etwas zu viel wird, dann hat sie ein Geheimrezept: Die »Sofa-Meditation«: »Drei Tage auf dem Sofa liegen, nichts tun und den Gedanken nachhängen. Dann ist die Welt wieder zurück.« Als Fisch hasst Ilse Zwänge, auch bei ihren Haaren: Denen gibt sie möglichst viel Freiheit. Und auch hier hat sie am liebsten die Vielfalt: morgens kurz und blond, mittags braun gelockt und abends ein roter Bob. »Ich liebe den Austausch mit Max, plötzlich entstehen Visionen und alles ist möglich ...«

Man kann den Fische-Geborenen mit seinem Vertreter aus dem Tierreich vergleichen: Er flutscht einem eben immer wieder aus der Hand. Man versucht, ihn zu begreifen und zu verstehen. Das hält er aber nicht gut aus. Der Fische-Geborene will nicht gehalten werden, sondern braucht das Gefühl der absoluten Grenzenlosigkeit, alles ist jederzeit möglich. Was das heißt, weiß nur er und so entgleitet er schnell wieder und schwimmt ein Stück weiter. Häufig hat er hier etwas missverstanden, nämlich dass das Bedürfnis seines Gegenübers, ihn zu verstehen, nicht zwangsläufig bedeutet, dass jemand ihn einengen will.

Der Fische-Geborene schwimmt selten gegen den Strom, dafür ist er zu harmoniebedürftig. Er schwimmt bis zu einem gewissen Grad mit dem Strom. Während die anderen Sternzeichen auf ihrem Weg schon mal eine Pause einlegen würden, ist der Fisch schon wieder weit weg.

Die Fische
unter der Schere

Als ich meinen ersten kleinen Salon in Berlin hatte, habe ich einer Frau, die in der Kulturbranche arbeitet, die Haare gemacht. Ich fand sie bildhübsch, wirklich ganz toll. Und was war sie? Natürlich Fische. Es war diese vielschichtige Weiblichkeit, die sie verriet. Als sie das erste Mal zu mir kam, hatte sie blonde Strähnchen, die leider gar nicht gut aussahen. Das war schlecht gemacht, mit irgendeiner scheußlichen Blondierung, viel zu hell und glanzlos. Wir haben gemeinsam beschlossen, dass sie die Farbe rauswachsen lässt. Das hat etwa zwei Jahre gedauert, aber es hat sich sehr gelohnt. Zuerst habe ich ihr Haar ein bisschen dunkler getönt und irgendwann war das chemisch zerstörte Blond einfach rausgeschnitten und die Haare waren wieder lang und gesund. Aber plötzlich kam sie nicht mehr zu mir in den Salon. Ich habe sie zufällig auf der Straße getroffen und wir haben uns nett unterhalten. Sie hat mir relativ klar zu verstehen gegeben, dass sie sich einen preisgünstigeren Friseur gesucht hat. Es muss wirklich nicht der teuerste Friseur der Stadt sein. Aber sie stand im Burberry-Mantel der aktuellen Kollektion vor mir und in ihren neuen Prada-Schuhen ... Das ist eben der Fisch, der mitunter tatsächlich die Sparmaus unter den Sternzeichen ist. Er weiß die Dienstleistung zu schätzen, jedoch tut es ihm manchmal weh, Geld dafür auszugeben.

Die Fische-Frau

Ich bin ja ein großer Fan der unglaublich schönen Schauspielerin Elizabeth Taylor. Sie vereinte die positiven Eigenschaften des Sternzeichens mit den negativen in sich. Fische-Frauen sind scheu und direkt, geheimnisvoll und offen, sensibel und forsch, schüchtern und wagemutig, sparsam und verschwenderisch ...

Bei der Waage-Frau wissen wir, dass sie zu den Menschen gehört, die an der Kasse schon mal sagen: »Ach, das ist aber zwei Euro teurer geworden.« Die Fische-Frau dagegen ist entweder absolut großzügig und legt zwanzig Euro Trinkgeld hin, wo man denkt: Wow, komm wieder! Aber genauso gut kann sie dastehen und dir vorrechnen, dass so eine Farbe alle vier Wochen ja doch recht teuer ist und ob man ihr da nicht mit dem Preis etwas entgegenkommen könnte.

Fische-Frauen haben häufig auch bis ins hohe Alter hinein etwas Mädchenhaftes. Vladimir Nabokovs legendäre Figur Lolita aus dem gleichnamigen Roman könnte sowohl Waage als auch Fische sein. Das sind zwei unterschiedliche Elemente und auch ganz unterschiedliche Persönlichkeiten. Aber wenn jemand bei mir vorm Spiegel sitzt, verwechsle ich diese beiden Sternzeichen oft, denn da ist etwas, das beide verbindet. Das Theatralische der Waage haben die Fische zum Beispiel auch – er stürzt sich in die Dinge hinein. Aber das ist gleichzeitig das Dilemma: Wenn du zwischen all den Eigenschaften der Sternzeichen auswählen darfst und dich auch entscheiden musst, dann ist das häufig zu viel und du findest dich einfach nicht zurecht.

Die Fische-Frau trägt ihre Haare am liebsten lang, aber leider nimmt sie es häufig mit der Pflege nicht so ganz genau. Es reicht ihr mitunter, eine billige Spülung im Regal zu haben. Sie glaubt dann tatsächlich, sie habe die ultimative Pflege für sich gefunden, denn was kann an einer günstigen, massenkompatibel produzierten Drogeriemarke schlechter sein als an einem High-End-Produkt vom Friseur?

Fische sind aber auch nicht geizig, am Wochenende fahren sie in das teuerste Spa und genießen dort die Anwendungen. Sie gönnen sich das, bekommen aber ganz bewusst mit, was sie dafür ausgeben und artikulieren es auch gern mal im Freundeskreis – anders als beispielsweise die Erdzeichen. Die Fische-Frau vernetzt sich gern und wir hören sie schon mal sagen: »Das war ein tolles Wochenende. Auch wenn es achthundert Euro gekostet hat.« Sie haben das Geld ja auch selbst verdient. Sie sind in ihrem Leben sehr fleißig und eine vernünftige Entlohnung ist natürlich Teil ihres universellen Verständnisses.

Ich kann nur sagen: »Liebe Fische dieser Welt, schaut euch bitte eure Spitzen an und hört auf, mit billigen Farben und Pflegeprodukten herumzuhantieren. Das macht euch nicht sexyer. Sexy seid ihr ja schon!« Ein gutes Produkt ist vor allem auch nicht wirklich teurer, weil es wesentlich sparsamer eingesetzt werden kann. Von einem Shampoo, das eine gute Qualität hat, nimmt man eine haselnussgroße Menge und kommt mit so einer Flasche dann gut und gern sechs Monate aus.

Fische-Frauen gehen gern zum Friseur, aber nicht so häufig, vor allem wenn sie lange Haare haben. Vielleicht liegt es daran, dass sie glauben, mit ihren langen Haaren nicht so oft zum Friseur gehen zu müssen. Trotzdem brauchen auch lange Haare regelmäßig einen guten Schnitt. Sie einfach nur wachsen zu lassen reicht eben nicht aus. Der Fische-Frau ist es wichtig, gut auszusehen. Und das tut sie in der Regel auch. Ich glaube, wenn eine Fische-Frau lange Haare hat, hält sie sich für die schönste Frau der Welt. Sie ist sehr selbstbewusst. An dieser Stelle möchte ich nochmals betonen: Nur gesundes langes Haar sieht schön aus und um das zu haben, muss man nicht nur mit guten Genen gesegnet sein, sondern auch etwas dafür tun.

Als ich vor vielen Jahren in einem Pariser Hotel war, ging dort zufällig Elizabeth Taylor durch die Lobby. Ich war in diesem Moment von der unglaublichen Aura fasziniert, die sie ausstrahlte. Sie trug einen ganz schlichten, aber raffinierten schwarzen Pullover und lief in Begleitung von ein paar Männern durch. Sie sah einfach umwerfend aus!

Das ist die einzigartige, schwer zu greifende, geheimnisvolle Fische-Aura, die es einfach in sich hat. Ich kann nur raten, sich die Fische anzuschauen und von ihnen zu lernen. Aber wenn sie in die falsche Richtung laufen, sollte man sie auch stoppen. Wahrscheinlich wird man das gar nicht schaffen, aber man muss es versuchen.

Prominente
Fische-Frauen

Auffallend viele Models sind in diesem Sternzeichen geboren: Cindy Crawford, Karolína Kurková, Lena Gercke, Olivia Palermo, Nadja Auermann ... Fische sind eben von Natur aus sehr schön und sie behalten ihre Jugendlichkeit sehr lange. Und sie können sich gut in Situationen hineinversetzen, was natürlich bei Fotoshootings ideal ist. Sie erfassen dann sehr schnell, worum es geht, und können das auch gut umsetzen. Diese Fische-typische Durchlässigkeit funktioniert eben auch vor der Kamera wunderbar.

Eva Mendes ist ebenfalls wunderschön und eine Vertreterin dieses Zeichens, auch wenn sie für mich keine typische Fische-Frau ist. Sie ist eben einfach nicht die schlankste Nymphe der Welt ist, sondern bringt zwei, drei Kilo mehr mit. Sie hat eine sehr weibliche Ausstrahlung. Gleichzeitig hat sie etwas sehr Mädchenhaftes, wenn man ihr ins Gesicht schaut. Auf den ersten Blick denkt man: »Wow, das ist eine gestandene Frau.« Und wenn man sich ihr Gesicht dann intensiver anschaut, erkennt man auch den mädchenhaften zarten Zug – das, was sich Liz Taylor bis ins hohe Alter bewahrt hatte.

Bei Drew Barrymore ist es ganz ähnlich. Bei ihr kommt aber noch hinzu, dass sie mit den Jahren immer schöner wird. Früher hatte sie vor allem etwas sehr Süßes, Niedliches. Jetzt, wo sie ein bisschen älter wird, kommt etwas nymphenhaft

Anmutiges dazu. Dass sie nun auch schlanker ist, verstärkt diesen Eindruck. Jetzt scheint sie auch sich selbst gefunden zu haben und mit sich im Reinen zu sein. Dazu hat sie einen langen Weg hinter sich gebracht. Sie war mal dicker, mal dünner, die Frisuren wechselten häufig. Da haben wir es wieder: Der Fisch findet erst spät zu sich selbst, oft erst jenseits des vierzigsten Geburtstags. Er weiß wirklich dann erst, wer er eigentlich ist.

Der Fische-Mann

Fische-Männer kommen häufig erst sehr spät richtig im Beruf an, sie finden erst nach Jahren ihre Aufgabe, oft wirklich erst in ihren Vierzigern. Sie probieren sehr lange herum. Ein so komplexes und tiefgründiges Zeichen wie die Fische wird zwar in erster Linie vom Element Wasser geprägt, durch seine Vielfältigkeit jedoch trägt er zu einem höheren Anteil die anderen Elemente in sich (wir erinnern uns: Twelve-in-one). Vielleicht lässt sie das soviel ausprobieren und ihre Entscheidungen immer wieder neu überdenken und ändern.

Die Fische-Männer sind nicht so sparsam wie die Frauen, sie strahlen unglaublich gern nach außen und geben ihr Geld aus, durchaus auch gern beim Friseur. Ich kenne einen Fische-Mann, der abwechselnd Glatze und dann wieder längere Haare trägt. Das pendelt immer hin und her. Und es sieht immer gut aus – sehr bohemian. Fische entscheiden sich nicht zwischen Gut und Böse oder Richtig und Falsch, sie entscheiden sich immer für Hier und Jetzt.

Der Fische-Mann kann Sex und Liebe komplett trennen. Die Liebe macht ihm eher Angst. Obwohl er sich sehnsüchtig nach ihr verzehrt, fühlt er sich zugleich in seiner Einsamkeit gestört. Der Fische-Mann geht mitunter so weit, dass er behauptet, er könne auch als Clochard auf der Straße leben, jenseits jeder gesellschaftlichen Ordnung. Jedoch wird er es wahrscheinlich nie tun, denn von wem wird er dann gebraucht?

Wenn ein Fische-Mann fremdgeht, fliegt das leicht auf, weil er sich nicht die größte Mühe gibt, seinen Betrug gut zu verdecken. Sie sind da ehrlich gesagt eher ein bisschen nachlässig: lassen ihr Handy liegen, ganz offen, und dann taucht da eben diese SMS auf, bei der man sofort weiß, was läuft. Gut, Männer sind wahrscheinlich grundsätzlich etwas trotteliger, wenn sie fremdgehen, Frauen verbergen das wahrscheinlich deutlich geschickter. Oder ihnen reicht manchmal das erotische Kopfkino.

Speziell bei den Fischen existiert da eine gewisse Doppelmoral. Offensichtlich finden sie einen Seitensprung in einer Beziehung ganz in Ordnung und können nichts wirklich Schlimmes daran finden, außer es passiert ihnen selbst. Das geht natürlich nicht.

Diese Doppelmoral empfinden die Fische nicht als negativ, sondern sie besagt: Es ist alles möglich, in jeder Couleur, in jeder Facette. Das kann mit Männern sein, das geht mit Frauen. Es kann alles sein, es muss nur fließen.

Jeder Mann wird um eine Fische-Frau an seiner Seite extrem bewundert und beneidet, das gilt aber auch umgekehrt. Denken wir wieder an Elizabeth Taylor, die Fische-Frau par excellence, und ihre zwei Ehen mit Richard Burton, an die Liebe und die Kämpfe, die die beiden miteinander ausfochten.

Prominente
Fische-Männer

Bruce Willis ist Fische: Ein toller Mann ohne Haare. Früher hatte er natürlich welche, aber jetzt trägt er diese sexy Glatze. Ich finde ihn großartig. Er ist ein Mann, dem man ansieht, dass er ganz für sich steht. Fische sind auf der einen Seite gern allein, und ich meine wirklich ganz allein, andererseits lieben sie auch die Gemeinschaft mit Menschen. Genau das strahlt Bruce Willis für mich aus. Ich denke da an Bilder von ihm auf einer Insel, im Wasser und am Meer – er vermittelt überzeugend, dass er sehr gut mit sich allein sein kann.

Mit dem Fisch Justin Bieber kann ich persönlich überhaupt nichts anfangen, ich finde ihn ziemlich langweilig. Aber man muss sagen, dass er eine rasante Karriere hingelegt hat und sein süßer, lustiger Haarschnitt sicher seinen Anteil daran hat. Justin Bieber steht für mich für den klassischen Fische-Menschen, der gern auch mal über die Stränge schlägt. Hier drückt sich das Element Wasser aus, das Fließende, Grenzüberschreitende, das so charakteristisch für dieses Zeichen ist. Seinen Haarschnitt hat er nicht erfunden, den gab es schon vorher, aber er hat ihn geprägt: Er trug diese Haare und alle Kids wollten das haben. Das ist ein Zufallsprodukt – er hat einfach Glück gehabt, dass diese Frisur zu seinem leider mittlerweile zweifelhaften Ruhm beigetragen hat.

DIE PERFEKTE FRISUR FÜR FISCHE

Für die Frauen längere Haare, abwechslungsreich bei den Männern, doch niemals dogmatisch oder nach Schema, denn die Fische sind zwölf. Für Männer wie Frauen gilt: Fische wollen gefallen. Das mädchenhaft Kokette bleibt den Fische-Frauen, die häufig bis ins Alter lange Haare tragen, erhalten. Eigentlich ist die Fische-Frau ja eine Pariserin, die ihren erotisierenden Ausdruck niemals ablegt. Ihr erotisches herausforderndes Versprechen liegt im Verborgenen und ist doch für alle sichtbar. Wir finden das Individuelle der Fische-Frau in ihrem Blick, nicht auf ihrem Kopf.

Der Profi-Tipp für den Friseur

Theoretisch könnt ihr hier machen, was ihr wollt. Faktisch stehen Fische-Frauen auf längere Haare und das unterstützt ihre Weiblichkeit. Für den Fische-Mann gilt: Ob lang, ob kurz, ob blond, ob grau – aus diesem Menschen wird man niemals schlau.

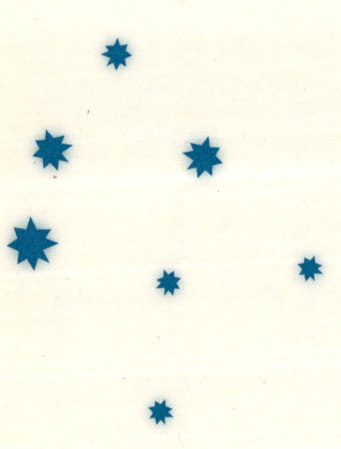

Danksagung

An dieser Stelle möchte ich den vielen Menschen danken, ohne die dieses Buch nicht möglich gewesen wäre.

Allen voran danke ich meinem Freund Marc Freitag, meinen Eltern Rosemarie und Kurt sowie meinem Bruder David.

Ein ganz großer Dank geht an Jennifer Kroll, die vor fünf Jahren anfing, mich davon zu überzeugen, dieses Buch zu schreiben, und natürlich an die wunderbaren Menschen von Eden Books: Tanja Bertele, Nina Schumacher, Rosanna Motz, Julia Scharwatz und all die anderen. Außerdem danke ich Matthias Bothor für das tolle Portrait und Gitte Hænning, Ilse Biberti und Christiane Sadlo für die lieben Worte.

Ich danke meinen Freunden, die mir immer wieder mit Rat und Ohr zur Seite standen, die viel Geduld aufbrachten und mich aushielten in der Zeit, als ich dieses Buch schrieb.

Ein weiterer großer Dank geht an Juliane, Heike, Dirk, Katja und Michaela.

Ich danke meinen fantastischen Mitarbeitern Michaela, Madlen, Eva, Katharina, Eileen und Detlef und den großartigen Menschen, die mir ihre Lebensgeschichten erzählten und die mein Buch dadurch lebendig gemacht haben: Ilse, Annette, Uta ... und all den Ungenannten, die in diesem Buch zu Wort kommen.

Max Höhn

Im August 2014

Impressum

Max Höhn
Der Astrofriseur
Die perfekte Frisur für jedes Sternzeichen
ISBN: 978-3-944296-72-2

Eden Books
Ein Verlag der Edel Germany GmbH
Copyright © 2014 Edel Germany GmbH, Neumühlen 17,
22763 Hamburg
www.edenbooks.de | www.facebook.com/EdenBooksBerlin
www.edel.com
1. Auflage 2014

Einige der Personen im Text sind aus Gründen des Persönlichkeits-
schutzes anonymisiert.

Projektkoordination: Nina Schumacher
Lektorat: Vera Baschlakow
Umschlaggestaltung: bürosüd |www.buerosued.de

Druck und Bindung: optimal media GmbH, Glienholzweg 7,
17207 Röbel/Müritz

Das FSC®-zertifizierte Papier Holmen Book Cream für dieses Buch
liefert Holmen Paper, Hallstavik, Schweden.

Printed in Germany

Dieses Buch ist auch als E-Book erhältlich.